韓国がわかる。
ハングルは楽しい!

金 裕鴻
Kim Yu-hong

PHP新書

はじめに

　2002年のワールドカップサッカー大会は、韓国と日本の距離をぐっと近づけ、互いの歴史や文化への理解を深めるきっかけとなりました。東京のＪＲや私鉄の主要駅の案内にはハングルの表示が目立つようになり、テレビのコマーシャルでは、キムチやビビンバのおいしさを宣伝し、茶の間でもすっかりお馴染みになりました。

　映画館では韓国の映画が観客を集め、NHKの語学番組では、好評の「英語・とっさの一言」講座のハングル版が登場しました。テレビドラマでも「アンニョンハセヨ」が飛び交う日韓合同制作番組はもはや珍しくありません。さらに驚いたのは、東京の一流ホテルで開かれたディナーショーで、フランス料理に代わって韓国料理が出されたということです（5月1日、新宿・京王プラザホテルにて）。

　長く日本に住んでいる私にも想像すらできなかった夢のようなことがいろいろと起きているのです。互いの国へ旅行する人が増え、日韓の交流が活発になったことの証ですが、フランス料理や中華料理を食べるようにキムチを口にするようになったこと、ハングル学習者が多くなったことなど、日本人がずいぶん変わってきたことを感じさせます。

　私は、20歳を過ぎて来日し、もう少しで半世紀にな

りますから還暦もとっくに過ぎています。本来ならば大学卒業後、すぐに韓国へ帰らなければならなかったのですが、東京オリンピックの前年(1963年)、NHKのオーディションを偶然受けて合格し、そのまま日本で生活するようになりました。以来35年間、国際局のアナウンサーとして1999年まで勤めましたが、その間、日本の高度成長期の真只中で暮らせたことは幸運であったし、ありのままの日本の姿をマイクを通してコリアに向けて訴え続けてきた歳月に満足しています。

　また、自分にできることとして日本の皆さんに韓国のことや韓国語をできるだけ正しく伝えることに努めてきました。NHKのラジオ番組「ハングル講座」にも長く出演させていただきました。このほか早稲田大学の講師を30年、東京の朝日カルチャーセンターにも30年近く勤めて語学学習のお手伝いをしており、これが日本への恩返しになればと思いながら、いまだ頑張っております。

　このたび、PHP研究所新書出版部の阿達真寿さんの依頼を受け、初心者のための韓国語入門の本をお届けすることになりました。この本は、第1部「ハングルと韓国を知る」、第2部「ハングルの基本構造」、第3部「韓国語の基本表現」、第4部「こんなときの一言・韓国語会話練習」の4部に分けてまとめてあります。

　言葉の裏には、その言葉を育んだ文化があります。言葉の背景にある文化を理解してはじめて生きた言葉が使えるようになります。この観点から第1部は、学習

者の理解を助けるために、韓国語と日本語、韓国と日本の文化などについて日頃感じている点を読み物にまとめてあります。お読みになればハングル入門への参考になることでしょう。

　第2部では、ハングルと発音についてわかりやすく説明してあります。

　第3部は、漢字の読み方や助詞の使い方など基本文型を学びます。日本語と似ている点、違う点を確かめてください。

　第4部では、ぜひ覚えてほしい表現を取り上げました。日常生活でよく使われる簡単な表現ですので、用例と一緒にこのまま覚えて使ってみてください。

　なお、文字に慣れるまでの便宜を図るために、ハングルには片仮名のルビを振ってあります。ルビは個々の文字の発音に合わせたものではなく、文字のかたまりとして発音されるとおりにつけてありますので参考にしてください。

　この本が、皆さんのハングル学習に少しでもお役に立つことを願っております。

2002年6月吉日

金　裕　鴻
（キム　ユ　ホン）

韓国がわかる。
ハングルは楽しい！

(目次)

はじめに

第1部
ハングルと韓国を知る

1 ハングルとは何か　　14
「韓国」と「朝鮮」／ハングルは文字の名称
ハングルは民衆のために創られた文字／漢字とハングル

2 韓国語と日本語　　26
日本語との類似点／漢字の読み方／2つの丁寧表現／発想の違い
ドキッとする日本語／「やはり」の使い方／曖昧表現は通訳泣かせ
韓国語を学ぶことの難しさ／早く覚えるには

3 あいさつ、敬語などの表現　　44
「アンニョンハシムニッカ」は顔を見ながら／日本人とお天気の関係
訳しにくい決まり文句／親にこそ敬語／パンマルにご用心
新年のあいさつ／「トクタム〔徳談〕」の効用

4 持つべきは韓国人のチング　　62
「ケンチャナヨ」／一人酒のない韓国／義理の日本・人情の韓国
行きすぎた潔癖性／冷蔵庫と心の扉／韓国の喧嘩には仲裁が入る
できないことまで約束する心理／「ケジメ」の文化
韓国人と補身湯／いなくなった愛犬・パドゥギ
猫の文化・犬の文化／「ハン〔恨〕」とは運命への嘆き

5 日本文化も奥が深い　　86
私の目に映った半世紀前の日本／もてなされる負担
会社に公衆電話があるわけ／自分のもの・人のもの
守るための枠と超えるための枠／善意のかたち／大事なものは郵便で
誉め言葉は日本のつき合いの基本／2つの面を持つ日本人
自分は自分、人は人／日本人は「トク〔毒〕ハダ」／勉強も道楽のうち
予定の好きな日本人、予定は未定の韓国人／のんびりしている韓国人
「中締め」をどう訳すか／「北条時宗」撮影裏話
日本サッカーが強くなった理由／将来の決まらない幸せ

第2部
ハングルの基本構造

1 母音と子音の構造　　　　　　　　　　　122

母音字と子音字がわかればハングルが読める / 母音字の成り立ち
母音の発音 / 発音器官をかたどった子音字 / 子音字の筆順
子音字の成り立ち / 5音の発展

2 平音・激音・濃音　　　　　　　　　　　132

韓国人は「ビール」が苦手 / 自然に濁る平音 / 激音と濃音

3 終声(パッチム)　　　　　　　　　　　135

日本語にない語末子音 / パッチムの発音
2文字のパッチム / パッチムはどうしてできたか
ハングルは必ずしも文字通りに発音されない / 発音の覚え方

第3部
韓国語の基本表現

1 漢字とハングル　　　　　　　　　　　　144

漢字の読み方は1つ / 日本語漢字音との対応 / 四字熟語
日本語とは意味が違う漢字語 / 日本語にない漢字語
韓国では通用しない漢字語

2 韓国語の「てにをは」　　　　　　　　　150

「～は」/「～が」/「～を」/「～へ」/「～で」/「～と」/「～も」/「～に」
「～で、～から」/「～から」/「～まで」/「～より」/「～の」/「～しか」
「～や、～も」/「～でも」/「～ぐらい」/「～だけ」/ 縮約形

3 用言と語尾　　　　　　　　　　　　　　157

「～です」/「～ではありません」/「あります、います」/「いらっしゃいます」
2つの丁寧語尾 / 変則活用の用言 /「～する」/ 否定の表現
不可能の表現 / 丁寧な命令形 / 指し示す言葉 / 尊敬形など

第**4**部
こんなときの一言・韓国語会話練習

1 返事「はい、いいえ」　　　　　　　　　　　176

2 出会いのあいさつ　　　　　　　　　　　　177

3 別れのあいさつ　　　　　　　　　　　　　180

4 感謝・謝罪など　　　　　　　　　　　　　182

感謝する / 謝罪する / 「どういたしまして」 / 「大丈夫です」
同意する / 思案する

5 尋ねる　　　　　　　　　　　　　　　　　186

何であるかを尋ねる / 場所について尋ねる / 人について尋ねる
時について尋ねる / 量・値段などについて尋ねる / 数を尋ねる
いくつかの中から任意のものを尋ねる / 内容・種類を尋ねる
理由を尋ねる / 方法を尋ねる / 特定できないことを述べる

6 勧める、誘う　　　　　　　　　　　　　　190

「〜なさったら」 / 「〜しましょうか」 / 「いかがですか」

7 依頼する　　　　　　　　　　　　　　　　191

「お願いします」 / 「〜してください」

8 断る　　　　　　　　　　　　　　　　　　192

「だめです」 / 「〜してはいけません、〜しないとだめです」 / 「できません」

9 希望を述べる　「したいです」　　　　　　　194

10 許可を求める　「〜してもいいですか」　　　194

11 禁止する　　　　　　　　　　　　　　　　195

「〜しないでください」 / 「〜しないで〜してください」

12 欲しい物を買う　「ください」　　　　　　　196

13 位置　位置を示す言葉　　　　　　　　　　196

14	食事を注文する	レストランにて	198
15	金額を言う	数える	199
16	日にちを言う	「〇月〇日です」	200
17	時間を言う	固有数詞	202
18	曜日を言う	「〜曜日です」	205
19	接続詞		206

「そして」/「それで」/「しかし」/「ところで」/「だから」
「けれども」/「それでも」/「それでは、それなら」

第1部

ハングルと韓国を知る

シドニー五輪で南北統一旗と韓国・北朝鮮の国旗を振り、声援を送る韓国人応援団

❶ ハングルとは何か

「韓国」と「朝鮮」

　皆さんは、日本に国際交流員と呼ばれる外国人青年が6000人滞在しているのをご存知でしょうか。彼らは、地方公共団体が総務省・外務省・文部科学省および(財)地方自治体国際化協会の協力の下に実施しているプログラムに沿って来日している人たちで、「JET青年」とも呼ばれています。2001年11月現在、韓国からの50名をはじめ39カ国の交流員が地方自治体等に配属され、翻訳・通訳の仕事に従事しています。

　先日、東京・代々木の国立オリンピック記念青少年総合センターでこの「JET青年」の研修があり、私も韓国人を対象にした研修の講師の1人として参加し、「比較文化・言語論と通訳技術」について話をしました。

　ところで日本各地の地方自治体で働いている韓国の青年たちにとって悩みの種になっているのが、日本における「朝鮮」「朝鮮語」という用語です。彼らにとっては当然「韓国」と言うべきところを「朝鮮」と言うように指示されることもあり、戸惑っているようです。読者の皆さんはどのように使い分けていらっしゃるでしょうか。

　日本では「韓国」「朝鮮」の使い分けに無頓着な人もいますが、韓国の人たちは「朝鮮」という言葉を特別

な響きで受け止めています。その背景には、半島そのものが南北に分断されているという現実があります。

1945年(昭和20年)は日本にとっては敗戦の年ですが、朝鮮では植民地からの解放の年でした。その後3年ほどして南半分には大韓民国が成立し、北半分には朝鮮民主主義人民共和国(北朝鮮)が生まれました。大韓民国の略称を「韓国」と言い、その言語を「韓国語」と呼んでいます。1950年からの3年間にわたる朝鮮戦争(韓国では「韓国動乱」と呼びます)が起きる以前は、南でも北でも「朝鮮」という言葉を使い「韓国」という言葉にそれほどとらわれていませんでしたが、朝鮮戦争以後は、北の宣伝物に「朝鮮」が使われるようになったので、韓国では「朝鮮」を避けるようになりました。その結果「韓国」という言葉に統一され、「朝鮮」は教科書からも消え去りました。こんなことがあって、韓国の人たちは「朝鮮」というとすぐ北朝鮮を連想して、この言葉に大変敏感になっているのです。

韓国の人々が「朝鮮」「朝鮮語」を気にする理由は、もうひとつあります。それは、日本がかつて朝鮮を植民地として支配し、その間「朝鮮」という言葉をずっと使ってきたという事実です。14世紀末に成立した朝鮮王朝は、1897年に国名を「大韓帝国」に変え、日本は1910年にこの大韓帝国、つまり韓国を併合しました。そして、日本の植民地になってしまったのだから、その国名はもはや使えないというので「朝鮮」という言葉を使ったわけです。要するに「韓国」が抹殺された結果、「朝鮮」になったのです。

植民地時代に使われたこの「朝鮮」という呼称には、差別的な意味合いが含まれていたので、使う側の日本人に他意はなくても、この呼称で呼ばれる側としては非常に敏感にならざるを得ないのです。

　韓国では、朝鮮半島は「韓半島」、朝鮮民謡は「韓国民謡」と言っています。しかし韓国に「朝鮮」がまったくないわけではありません。「朝鮮日報」という大手の新聞もありますし、「朝鮮大学」「朝鮮ホテル」もあります。

　ややこしいのは、古くから朝鮮という名称があって、日本でも江戸時代から朝鮮という呼称に親しんでいるということです。今も、NHK等の天気予報では「朝鮮半島に張り出した高気圧が……」と言っていますが、これを「韓半島に張り出した高気圧が……」と言い換えることには無理があります。

　だからといって、朝鮮という言葉を嫌う韓国の人々に対し「朝鮮」を口にしてよいというわけではありません。

　日本人が言う「朝鮮」が問題なのです。日本人が言うと北朝鮮を指しているように聞こえたり、「韓国」と口にしたくない人が意識的に「韓国」を避けていると誤解したりするのです。

　また、新聞やテレビ、ラジオなどでは、国名を表すときも国交のない北については「北朝鮮・朝鮮民主主義人民共和国」とか「朝鮮民主主義人民共和国・北朝鮮」と呼ぶほか、「アリラン」を朝鮮民謡と言ったかと思うと韓国民謡と言うなどの混乱が見られますが、最

近はワールドカップサッカーの日韓共催もあって、「韓国」が圧倒的に多く使われています。

さらに、文部科学省が2002年1月から実施されるセンター試験科目の名称を「韓国語」にすると発表したことから、日本の高等学校にある「朝鮮語講座」「韓国語講座」「ハングル講座」等の名称をどのようにすべきか迷っているという話も耳にしています。学校でこれから開設される講座は、センター試験の名称どおり「韓国語」が多くなるのではないかとの見方が有力です。

このように「韓国」「朝鮮」の呼称をめぐる日本の社会状況は少しずつ変わってはいますが、問題がまったくなくなったわけではありません。

国土が分断されて半世紀以上を経ています。半島が統一されて国名が1つになれば問題は解決されましょうが、南北が別々に国連に加盟している現状や、日本と北朝鮮との国交正常化交渉もこれからという現時点においては、「韓国」「朝鮮」の使い分けは、日本にとって先の見えない課題として残されているのです。

日本では南北双方を指して「朝鮮」と言うのだと理解している方にとって、北と国交が回復した後も同じ説明で通るかどうか、さらなる問題が生じるとは思いませんか。いずれにせよ「韓国」と言うべきか、「朝鮮」と言うべきか、この判断は皆さん自身がなさることです。

ハングルは文字の名称

「ハングル」とは文字のことです。大韓民国(韓国)と朝鮮民主主義人民共和国(北朝鮮)の人々が使っている言葉を書き表す文字のことです。

「ハングル」は「한글」と書きます。「한・ハン」は「ひとつの」または「大きな」、「글・グル」は「文字」という意味で、合わせて「1つの文字」「偉大な文字」という意味になります。

この名称が生まれたのは19世紀に入ってからで、韓国では一般にこれを使っていますが、北朝鮮では今は「ハングル」と言わずに「조선글・チョソンクル」(朝鮮文字)と言っています。

ところで、日本では「ハングル」という言葉が独り歩きして、韓国・朝鮮の言語という意味で使われることが多いようです。「韓国語」「朝鮮語」という言葉を使うことで、どちらかに偏ることを避けて、「ハングル」という言葉が使われているうちに、いつの間にかこの言葉は文字を表す言葉ではなく言語を表す言葉に変貌したのです。これは間違いなくNHKの語学講座の影響です。

NHKラジオ第2放送では、毎日午後1時過ぎになると中国語のニュースと韓国語のニュースがそれぞれ10分間放送されています。私もアナウンサーの1人として、1999年3月までマイクの前に座っていましたが、時事用語の勉強にも役に立つので、韓国語を勉強している日本人にも、日本語を学ぶ韓国人留学生にも、このニュースを聴くように勧めています。

さて、中国語のニュースが終わると必ず「引き続きNHKの国際放送からハングルニュースをお伝えします」というアナウンスがあります。これを聞いて韓国の留学生たちは一様に次のような反応を示します。「ハングルニュースガ　ムォエヨ？」(ハングルニュースって何ですか？)。恐らく日本語ニュースのことを「かなニュース」と言われたり、あるいは外国のメディアに登場する日本人の着物が左前になっているのを見たとき日本人が抱くのと同じような違和感を覚えるのだと思います。それほど「ハングルニュース」という表現はいびつに聞こえるのです。

そもそもNHKの「ハングル」は、語学番組「アンニョンハシムニカ？ハングル講座」から始まります。1984年の番組開設当時、番組名を「韓国語講座」あるいは「朝鮮語講座」にできない状況にあったのです。

今もこの状況はあまり変わっていません。前の項でも述べましたが、朝鮮半島には2つの分断国家が存在しています。北は朝鮮民主主義人民共和国、南は大韓民国であり、両国とも国連に加盟しています。日本には両国の国籍を持つ在日韓国・朝鮮人が数十万人も暮らしています。韓国と日本は国交を結んでいるので別ですが、NHKをはじめ日本のマスメディアは、まだ国交のない北を指すときには、「北朝鮮・朝鮮民主主義人民共和国」または「朝鮮民主主義人民共和国・北朝鮮」と言って気を遣っています。「韓国語」も「朝鮮語」も、NHKは避けているのです。

ただ、「韓国」か「朝鮮」か、「韓国語」か「朝鮮語」

かの是非はともかく、日本では1988年のソウルオリンピック以降、次第に「韓国」が「朝鮮」より多く使われるようになっていることは否定できません。これは日韓の人の往来が頻繁になり、韓国からの留学生が増え、日本に来て商売を始めるニューカマーも多くなってきたからにほかなりません。

しかしNHKの番組の中では、まだまだ「ハングル」から一歩も踏み出していません。ハングル講座の講師は番組の中で「ハングルで発音しますから聞いてください」「早くハングルが話せるようになりたいですね」、果ては「ハングル、ハングルした表現になります」などとまで言っています。講師としては、ハッキリと言いたいのでしょうが、「ハングル」と決めているNHKの姿勢が「韓国語」または「朝鮮語」と言わせないのです。

NHKの「ハングル」は、社会にも深い影響を及ぼしています。私が受け取った地方自治体からの何かの依頼文にも「ハングル語で……」という表現が目につき、一般人からも「ハングル語では何と言いますか……」などと尋ねられることがあり、そのたびにこれはNHKのせいだという気がしてなりません。

いくらエスカレートしても、まさかNHKの天気予報で「ハングル半島に張り出した高気圧が……」と言うとは思いませんが。

冗談はともかく、NHKが「ハングル」という用語を安易に使っているのではないことは知っています。NHKの「引き続き……ハングルニュースをお伝えしま

す」のアナウンスを聞くたびに、この用語を取り入れた担当者の苦渋の決断が伝わってくるような気がします。「韓国」「朝鮮」がひとつになればすぐにでも解決する問題ではありますが……。

皆さん、「ハングル」は、言葉ではなく文字のことですよ。

ハングルは民衆のために創られた文字

ハングルは、いつ誰によって創られたかが明確な、世界でも珍しい文字です。ハングルは、15世紀半ば、つまり今から560年ほど前に創られた比較的新しい文字です。

1443年、朝鮮王朝（李王朝）第4代の王「世宗・セジョン」によって創製され、1446年に公布されました。このとき公布された本の名を『訓民正音・フンミンジョンウム』と言います。民に正しい音を教えるという意味で、民衆に自らの言葉を正しく表記してもらうための本ということになります。それまでは言葉の表記には漢字が使われていました。「吏読文・イドゥムン」と言って、日本の万葉仮名のように漢字の音を借りて朝鮮語を表記する方法をとっていたのです。

『訓民正音』の序文には次のように書かれています。「わが国の言葉は中国とは異なり漢字のみではお互いの意思がうまく通じないので、無知な民が何かを記そうとしてもその意味を文字で表現できないことが多い。私はこれを不憫に思い、新しく28文字を創って人々に習わせ、日常生活に使わせ、便宜を図ろうとするもの

である」

　つまり、ハングルは民衆のために創られた文字であることがはっきりと示されているのです。これは非常に大切なことだと思います。単純に言えば、王が民の便宜を図るために創ったということですから、為政者が権力を行使するためではなく、今風に言えば民主的です。また歴史的に強い影響を受けてきた漢字以外の独自の文字を創ると述べていることは、民族固有の文化を保ちたいという意欲の表れと言えます。

　また、『訓民正音』の後書きには、王は民が訴訟において真実を解き明かすことに苦労しているのに心を痛めたとし、「刑罰を慎重にせよ」という考え方からハングルが創られたとの記述も見られます。この記述から、ハングルは、人権への配慮から創られたものでもあることがわかります。このことは、内外のハングル研究者をはじめ多くの人から高く評価されています。

　余談ですが、ハングルの解説本『訓民正音』をめぐっては、次のような逸話が残っています。朝鮮王朝の歴史を記録した『朝鮮王朝実録』(王朝25代472年間の歴史的事実を記録したもの)には世宗28年(1446年)に『訓民正音』が公布されたとの記載があり、『訓民正音』を朝鮮語の古典語に訳したものも数種類ありますが、原本は1940年にキョンサン(慶尚)北道・アンドン(安東)の民家で実物が発見されるまで、その存在が確認されていませんでした。固有の文字が「世宗」によって制定されたという事実が知られていただけで、研究者も原本を手にすることはできなかったのです。理由は

いくつかありますが、そのひとつは、ハングルが漢字に比べあまりにもやさしかったために、日本のかな文字同様に女性や子供の習う文字として蔑視され、おろそかにされたからです。当時の学問はすべて漢字で行われていたので「科挙・クァゴ」という国家試験を受けるにも漢字を勉強すればよかったのです。ハングルを卑んで、自ら「諺文・オンムン」と呼んだこともあります。

1940年当時、朝鮮半島は日本の植民地統治下にあり解放の5年前になりますが、『訓民正音』原本の出現はハングル研究に決定的な光をもたらしました。ハングルが創られた経緯や背景ばかりでなく、その内容が詳しく解明され理解できるようになったのです。

南北を問わずハングルは民族文化の最も誇るべきものとして人々の心に刻まれていることは言うまでもありません。

漢字とハングル

韓国語には、韓国で生まれた固有の言葉(固有語)と、漢語に由来する言葉（漢字語）とがあります。家庭などで使われる日常生活用語の多くは固有語ですが、社会生活で使われる言葉の半分以上は漢字語で、新聞の見出し語になると80％が漢字語となります。

表記は南（大韓民国・韓国）、北（朝鮮民主主義人民共和国・北朝鮮）共にハングル専用としていますが、韓国では一部漢字も使われます。たとえば、名前は一部固有語のものを除いて漢字で表記できますし、名刺や

表札などには漢字を使う人もいます。1999年の夏からは、それまでハングル専用であった公文書にも漢字の表記が認められており、新聞の見出しにも漢字が混用されています。以前は街の看板や案内板もハングル一色でしたが、2001年に開港した仁川国際空港などでは、日本や中国からの渡航者の便宜を図って、ハングルやローマ字と並んで漢字表記もされています。

学校教育では、韓国の中学校・高等学校で「漢文教育基礎漢字」1800字が教えられています。字体は「學」「黨」のような旧字体ですが、日本で使われている「学」「党」のような字体も、日本の書物に慣れている韓国人はあまり違和感を感じません。

韓国の現在30代後半から40代の人たちは、中・高校でハングルだけで教育を受けた年齢層なので、「ハングル世代」と呼ばれています。ちょうどいま社会の各分野で活躍している世代ですが、彼らの間からは漢字がわからなくて不便だという声が上がっているそうです。そこで、2002年度からは中・高校で週1回「漢文」の時間を新設することになったと、マスコミは伝えています。

このように韓国では漢字が見直されつつありますが、1960年以前の新聞・書籍に見られたほど、漢字が一挙に復活するとは思えません。ハングルのほうが漢字より書きやすく、慣れれば漢字と同じようにすらすら読めるからです。

私が働いていたNHK国際放送のニュース原稿は、1964年当時は縦書きで、漢字ハングル混じりで訳され

ていました。その後、若いアナウンサーが増えるにしたがって漢字が徐々に減り、現在はハングルのみで打たれた横書きのワープロ原稿になっています。私は漢字があったほうが意味が早く汲み取れて読みやすかったのですが、それも徐々に慣れました。それでも、ハングル世代にはかないません。

　ちなみに、KBS（韓国放送公社）の放送原稿は100％ハングルです。このようにハングル表記された文章は、文字面からはそれが固有語なのか漢字語なのか、あるいは外来語なのかを読み手が考えなければいけませんが、その文字から漢字を思い浮かべることができると、文章の意味をより容易に汲み取ることができます。韓国語には日本語と共通の漢字語が多いので、漢字の読み方をきちんと覚え、ハングルで書かれた文章の中から漢字語を識別することができるようになると、日本人の皆さんは意外に早く文章が読めるようになります。

❷ 韓国語と日本語

日本語との類似点

　韓国語ほど日本語に似ている外国語はないと思います。

　何が似ているかというと、まず語順が日本語とほとんど同じです。

　たとえば、「私は学生だ」という文は、「나・ナ」（私）「는・ヌン」（は）「학생・ハクセン」（学生）「이다・イダ」（だ）を並べて「나는 학생이다・ナヌン　ハクセンイダ」とすれば韓国語になります。

「明日は学校へ行く」は「내일은 학교에 간다・ネイルン　ハッキョエ　カンダ」ですが、「明日は」の助詞「は」を置き換えて「明日も」「明日まで」「明日だけ」のようにすると意味が変わるように、韓国語でも「내일도・ネイルド」（明日も）、「내일까지・ネイルッカジ」（明日まで）、「내일만・ネイルマン」（明日だけ）のように助詞を置き換えて文意を変えることができます。

　このように韓国語は、翻訳する場合でも英語や中国語のように語順を入れ換える必要がなく、翻訳後に文の長さが変わることもあまりありません。

　面白いのは、動詞や補助動詞の使い方も同じものが多いことです。たとえば、日本語の「かける」は「壁にかける」「電話をかける」「言葉をかける」「裁判にか

ける」「命をかける」「エンジンをかける」「ブレーキをかける」「お金をかける」など様々な使われ方をしますが、これらのすべては韓国語の「걸다・コルダ」で同様に表現することができます。また、「見る」は「보다・ポダ」ですが、「〜してみる」と言うときの補助動詞としての「みる」も、日本語と同様に「보다・ポダ」が使われます。

　敬語表現のうえでも、「です」「ます」にあたる丁寧語や、「召し上がる」といった尊敬語、さらには「お目にかかる」などの謙譲語もあります。また語彙の面でも日本語と共通の漢字語や外来語が数多くあります。

　このように多くの類似点を持つ日本語と韓国語は血統を同じくする言語ではないかと思いたくなりますが、多くの言語学者の研究にもかかわらず、そのような結論は出されていません。

漢字の読み方

　韓国語では漢字の読み方は原則として一字一音です。日本語のように漢字を訓読みして固有語の表記に当てることはありません。

　日本語と同様、韓国語の漢字にも同音異字がたくさんあります。日本語では、たとえば「市立」と「私立」を「いちりつ」「わたくしりつ」と言って区別したりしますが、韓国語ではその漢字の意味を表す固有語（訓）を前に添えて区別します。「春」は「봄 춘・ポム　チュン」、「夏」は「여름 하・ヨルム　ハ」、「秋」は「가을 추・カウル　チュ」、「冬」は「겨울 동・キョウル　トン」

といった具合です。それぞれの「ポム」「ヨルム」「カウル」「キョウル」は「はる」「なつ」「あき」「ふゆ」という固有語で、「チュン」「ハ」「チュ」「トン」は日本語の「シュン」「カ」「シュウ」「トウ」に当たる漢字の音を表します。

　韓国語を勉強している日本人が「春が来た」と言おうとして、間違って「춘이 왔다・チュニ　ワッタ」と言ってしまうことがあります。「春」という漢字を思い浮かべて、そのまま韓国語の音読みの「춘・チュン」を単語として使っているのですが、残念ながらこれでは通じません。日本語で「シュンが来た」と言っても通じないのと同じです。この場合、固有語の「봄」(はる)を使って「봄이 왔다・ポミ　ワッタ」と言うのが正しいのです。したがって「春だ」も「춘이다・チュニダ」ではなく「봄이다・ポミダ」であり、「景色は夏より秋がいいです」は「경치는 여름보다 가을이 좋아요・キョンチヌン　ヨルムボダ　カウリ　チョアヨ」と言います。ただし、「春夏秋冬」の四字熟語は「춘하추동・チュンハチュドン」、柔らかく言うときは「봄 여름 가을 겨울・ポム　ヨルム　カウル　キョウル」となります。「春」を「ポム　チュン」、「夏」を「ヨルム　ハ」という言い方は学校では教えません。従来は「千字文」(四言古詩250句、1000字を綴った本)で祖父母から習うことが多かったのですが、特に教わらなくても言葉がわかってくると言えるようになったり聞き取れるようになります。

2つの丁寧表現

　韓国語にも書き言葉と話し言葉があります。以前は漢字が多用されている新聞や雑誌の書き言葉と、音声伝達を重要視するテレビやラジオの読み原稿とでは用語の扱いも表現の仕方も違っていましたが、最近は新聞や雑誌の記事も話し言葉に近くなり、両者の違いはほとんどなくなりました。新聞記事を紹介するテレビ番組では「ンダ」で終わる表現を「ムニダ」と丁寧形にするだけで済むほどです。日本語で言うと、「だ」の語尾を「です・ます」に言い換えるだけなのです。丁寧な表現の「ムニダ」（です、ます）、「ムニカ」（ですか、ますか）は、放送のニュースや会話などでは欠かせない言葉です。

　韓国語の入門は普通「ムニダ」「ムニカ」調の丁寧な文型から始まりますが、「です・ます」の表現にはもうひとつ「アヨ、オヨ、イエヨ」で終わる言葉があるのでちょっとやっかいです。「ムニダ」「ムニカ」がかしこまったフォーマルな言い方であるのに対し、「アヨ、オヨ、イエヨ」はくだけた表現です。疑問も同じ形で、親しみがあり若い人たちの間でよく使われます。後述しますが、あいさつの「アンニョンハシムニッカ」（こんにちは）が「アンニョンハセヨ」になったり、「イッスムニダ」（あります）が「イッソヨ」になったりするのがこれです。旅行者が韓国へ行って買い物や交通機関を利用するときなどは、この「ヨ」調で十分間に合いますし、初対面の人にでも韓国人は親しみを込めて「ヨ？」の口調で話しかけることが多いので、日本で紹

介されている韓国語会話の例文の多くはこの言い方になっています。もちろん、くだけた言い方が失礼になるわけでもなく間違いでもありませんが、注意しておきたいのは、初対面の年長者に対してや、男性がフォーマルな席で話すときはあいさつひとつでも「アンニョンハセヨ」ではなく「アンニョンハシムニッカ」のほうが無難だということです。くだけた言い方は親しみがある分だけ重みに欠けます。

韓国語で私に話しかけてくる日本人の話しぶりは流暢でいつも感心するのですが、初対面からいきなりくだけた「ヨ」調で話され、戸惑いを感じることが少なくありません。

発想の違い

日本語と韓国語とはよく似た言語だと言われますが、韓国語に訳しにくい日本語というものもずいぶんあります。最近流行の「キレる」に始まり、「むかつく」「いらつく」「プッツン」「頭にくる」「腹が立つ」「苛立たしい」などは、感情の微妙なニュアンスを訳すのに苦労する言葉です。同時通訳中にこんな言葉が出てくると、ほとんどお手上げです。ある意味では、これらの言葉は日本独自の精神文化を表しているとも言えるのではないでしょうか。

日本語には「～しなければいけない」という言葉があります。韓国語では「～하지 않으면 안된다・～ハジアヌミョン　アンデンダ」がこれにぴったりあてはまりますが、同じ意味として「～해야 된다・～ヘヤデ

ンダ」(〜してこそよい) という言い方もあり、こちらのほうがよく使われます。日本では子供を叱ったりしつけたりするとき「〜しなくちゃだめよ」と言います。「あいさつしなくちゃだめよ」「きちんとしなきゃだめよ」「敬語を使わなくちゃだめよ」「静かにしなくちゃだめよ」などなど。「〜しなくちゃだめよ」という言い方は、ネガティブな表現です。日本では、このネガティブな言い方で行動を制限しながら子供をしつけ、韓国では「〜してこそよい」というポジティブな言い方で行動を促しながら子供をしつけていることになります。「〜しなくてはだめだ」には、何か目に見えない枠をはめられたような義務感のようなものを感じる反面、「〜してこそよい」には、自分で考えてやればいいという自由さを感じます。

　日本語をよく観察していると、このようなネガティブな表現が実に多いということに気がつきます。これらのほとんどは韓国語に訳しにくい、日本語らしい日本語なのです。たとえば「だらしない」「くだらない」「みっともない」「とんでもない」など「ない」のつく言葉がそれです。なぜ韓国語に訳せないかというと、これらの言葉の「〜ない」は「〜ある」の対語ではないからです。日本語には、このような「〜ある」という対語形を持たない「〜ない」が多いようです。

　また、「それを取ってください」と言うよりは、「それを取ってくれませんか」と否定形で頼んだほうが丁寧な表現になります。

　ニュースなどでよく耳にする表現として、何か事件

が起こったときにアナウンサーが「事件当時、不審な人物が現場にいなかったかどうかについて、警察で調べています」などと言います。本当は「いたかどうか」を調べるのではないかと思いますが、「いなかったかどうか」と否定的な表現を好んで使います。

　どちらがよいということを言っているのではありません。都会には無数の信号がありますが、日本人はその信号をきちんと守っています。赤信号の前で立ち止まっている人たちを見ていると、「止まらなくちゃだめ」「進まなくちゃだめ」「速やかに交差点から出なくちゃだめ」など「だめ、だめ、だめ」と言い続ける信号機の声が聞こえてくるような気がします。子供のころから「だめ、だめ、だめ」と言われながらしつけられているから、交通規則を無条件に守るようになるのではないかと思うのです。

　ただ、面白いことに「〜しなくてはだめだ」という言い方は、あくまでも子供や目下に対する言葉であって、大人に対しては「〜したほうがいいと思います」とか「〜したらどうでしょうか」という表現を使います。一方、韓国語の「〜ヘヤデンダ」は、大人に対しても使います。政治家の演説をはじめ新聞の社説、評論、解説などでいかに多く使われていることか。新聞やラジオ、テレビで「〜ヘヤデンダ」を読んだり耳にしたりすると、いつまでも子供扱いをするのはやめてくれと言いたくなります。「〜しなければならない」と「〜ヘヤデンダ」は対照的な発想で興味深いです。

ドキッとする日本語

　日本語には韓国語にない美しい繊細な言葉が実に多いです。雪に因んだものだけでも、根雪、淡雪、はだら雪、雪煙など韓国語に置き換えにくいものがいくつもあります。

　反面、韓国語に直訳するとドキッとするような残酷な言葉もあります。たとえば「誉め殺し」という奇妙な言葉があります。2001年のアメリカンリーグの優勝決定戦にイチローが出たとき、対戦相手の監督がイチローをべた誉めにしていましたが、日本の新聞ではこれを「誉め殺し」だと書きました。これは誉めて相手の油断を誘おうとしたという意味のようですが、これに似た言葉で韓国には「어르고 뺨 친다・オルゴ　ピャム　チンダ」（あやしてほっぺたを打つ）ということわざがありますが、決して相手を殺すまでは追いつめません。

　韓国語で「죽이다・チュギダ」（殺す）という言葉を聞くと、それだけで鳥肌が立つぐらいの恐怖感を覚えます。日本語に「殺し」を使った言葉が多いのとは対照的です。日本語には「半殺し」に始まって「生殺し」「飼い殺し」「はめ殺し」「皆殺し」「見殺し」「なぶり殺し」といった表現以外にも、「息を殺す」「声を殺す」「味を殺す」、さらには「ランナーをホームで殺す」など様々な表現があります。これらは、どれも韓国語に訳せない、日本独特の表現です。

「やはり」の使い方

 日常生活でよく口にする日本語に「やはり」があります。「やはり」という言葉に当たる韓国語は「역시・ヨクシ〔亦是〕」ですが、使い方にずいぶん違いがあります。韓国に語学研修に行ったある日本人が、韓国の人たちと話すときに口ぐせのようにこの「ヨクシ」を使ったところ、「なぜそこで『ヨクシ』が出てくるのか」と、いぶかしがられたそうです。

 日本人は、たとえば、「今度の選挙で自民党が大勝しましたけれど、感想はどうですか」とマイクを向けられると、ほとんどの人が「やっぱり……」と口を切ります。この場合の「やはり」は本来自分の予想どおりだったときに使うものですが、自民党の勝利を予想していなかった場合でも、「やっぱり……」と言います。どうも、自分の意見を一般論と合わせるために、このような曖昧な使い方がされているようです。韓国人は、自分の予想と一致したときに限ってこの「ヨクシ」を使うので、相手の考えに合わせる日本人の「ヨクシ」の使い方に違和感を覚えるのです。韓国語で「ヨクシ」を使うのは、次のような場合です。「東京はやはり車が多いですね（トーキョーヌン ヨクシ チャガ マンクンニョ）」。

曖昧表現は通訳泣かせ

 日本語の「そうですね」という言葉には、同意する意味と、判断に迷ったときに間投詞として使う場合とがあります。だから「そうですね」を無条件に同意の

意味にとられては困るわけです。「そうですね」に似た韓国語に「글쎄요・クルセヨ」という言葉があります。「クルセヨ」は返事に迷ったときにも使いますが、自分の意見を強調するときにも使えるので、「そうですね」とは若干違います。

　古い話になりますが有名なエピソードがあります。日本の佐藤栄作首相がアメリカに行ったときに、ニクソン大統領から注文をつけられました。それに対し、佐藤首相が「善処する」と言ったとき、通訳がこれを「やります」と訳しました。しかし、その後一向に進展が見られないので、アメリカ側が抗議したところ、「善処」は肯定的な言葉ではあるけれども「やる」という意味ではないのだと言い訳をしたとのことです。相手から何かを要求されたとき、「考えてみましょう」と言うのは、日本では一般的には「NO」という意味です。しかし、これを間違えて「생각해 보겠습니다・センガッケボゲッスムニダ」とそのまま訳すと、韓国語では「OK」の意味になります。「また今度の機会に」という言葉も、日本語では、機会が来ない限りだめだということです。ひとつの言葉でも、いろいろな意味があるということを知っていなければならないということです。

　それから、日本人から引っ越しのあいさつ状をもらうと「ぜひ遊びに来てください」と書いてありますが、本当に遊びに行ったりすると相手はびっくりします。

　以前、日本と韓国の商工会議所のメンバーがディスカッションをしたときに、同時通訳をしたことがあります。私はスタジオに座って、日本語を韓国語に、韓

国語を日本語にと双方向の通訳をしていたのですが、互いに積極的に意見を交換し、順調に会議が進んでいました。ところが、途中で歴史問題が出てきました。韓国側が、「日本の歴史教育に問題があると思う。どうしてありのままの事実を教えようとしないのか」と日本側の事務局長の青年に詰め寄りました。彼は、じっと相手の言うことを聞いていたかと思うと、「あなたの言うことはよくわかりました」と一言言いました。私は、これをその通り「지금 이야기하신 것은 잘 알았습니다・チグム　イヤギハシンゴスン　チャル　アラッスムニダ」と通訳したところ、韓国側も「そりゃそうだろう」と納得しました。ところが、続いて日本側から出てくる発言は否定的なことばかりです。会議終了後に、私は韓国側につかまって「同意していないのに、なぜ『わかりました』と訳したのですか」と責められました。

　しかし、これは通訳の問題ではありません。さっきの佐藤栄作首相の「善処します」も通訳は正しいのであって、そういう言葉を使った本人が悪いのです。同時通訳などでは、本音までを理解して訳すということはほとんど不可能です。日本人は、「NO」と真っ向から否定するのではなく、最初に「あなたの言いたいことはわかりました」と言ってから否定をします。この日本語の語法が誤解を呼ぶのです。

　私は、日本人には苦手なことが2つあると思います。1つは自分と意見がまったく違う人とディスカッションすることであり、もう1つは遊ぶということです。何事も真剣に打ち込む習性が身についているからだと思

います。仕事をするのは上手なのに、遊ぶのは下手です。休むことはあっても、遊ぶのは苦手です。まあ若い人たちは違うような気がしますが。

　遊びの苦手な話はさておき、はっきり自分の意見を述べるという点では、今の若い人たちは本当に屈託がありません。先入観を混じえないでものを言う人も増えています。サッカーのファンを見ていても、選手が日本人だろうが韓国人だろうが好きな人は好きです。これをはっきり口にします。歌手や映画の俳優についても同じです。たいへん結構なことだと思います。日韓交流の発展への期待がふくらみます。

韓国語を学ぶことの難しさ

　韓国語は、語順や、助詞を使うとか敬語があるなどの点で日本語と似ていますから、確かに学びやすいということが一面ではあります。実際、学びやすいから韓国語に飛びつく日本人が多いのですが、いざ始めてみると、ずいぶんいろいろな違いがあることに気がつきはじめます。やめようかと思ったころには深みにはまって引き返せなくなり、結局最後はモノにしたという人がたくさんいます。

　外国語というものは、母国語を介して意識して覚えなければならないのですから、本来難しいものなのです。しかし、最初からこれを強調すると、誰も学んでみようとしなくなりますから、私は最初は学びやすさを訴え、3年ぐらい経って本腰を入れるようになった段階で、今度は韓国語の難しさについていろいろな話

をするようにしています。

　文字からして、入門者には敷居の高いものです。日本人の目にはアラビア文字やタイ文字は文字に映るようですが、ハングルは記号にしか見えないようです。まず、これが文字に見えるようにすることから始めなければいけません。

　また助詞の「は」は、日本語ではどんな場合でもその語形が変わりませんが、韓国語では、前に来る単語の終わりが母音か子音かによって「는・ヌン」「은・ウン」という形を使い分けます。このように日本語では１つなのに、韓国語では複数の形がある言葉は、初心者にとっては難関です。日本語には「ん」以外の子音で終わる単語がなく、単語の末尾が母音か子音かを区別する習慣がまったくないので、これを覚えるまでには時間がかかります。

　入門の段階で必ず学ぶ「さようなら」という表現も、韓国語では２つの言い方が使い分けられます。「안녕히 가십시오・アンニョンイ　カシプシオ」（元気でお行きなさい）はその場を立ち去る人に対して言い、「안녕히 계십시오・アンニョンイ　ケシプシオ」（元気でいてください）はその場に残る人に対して言います。日本人が「さようなら」とあいさつするときには、自分が去るほうなのか残るほうなのかをほとんど意識せずにいますから、韓国語でいざあいさつをしようと思ったときに、とっさに２つの言い方を使い分けることが難しいようです。出会いのあいさつの「안녕하십니까?・アンニョンハシムニッカ」と「안녕하세요?・アンニョン

ハセヨ」は言葉の丁寧さの違いですから、使い間違えても通じますが、「안녕히 가십시오・アンニョンイ カシプシオ」と「안녕히 계십시오・アンニョンイ ケシプシオ」は間違えるとおかしなことになります。

逆の場合もあります。たとえば、日本語では「ある」と「いる」を使い分けますが、韓国語で「있다・イッタ」1つしかありません。だから韓国人は日本語で「社長がある」というような間違いをよく犯します。頭ではわかっていても、とっさに使い分けるのは難しいものなのです。

また日本語と韓国語が似ているからこそ、通訳をしていて間違えそうになることもしばしばあります。韓国語の「시간 내 주세요・シガン ネジュセヨ」を直訳すると「時間を出してください」となりますが、これは日本語では「時間を作ってください」と言わなければいけません。語学の水準がある程度に達すると、こういう微妙に異なる表現を間違いなく使い分けるのがとても難しいことに気がつきます。

韓国語は発音が難しい言語です。子音で終わる音節がたくさんありますし、母音の数も多いです。日本語の5つの母音に対して、韓国語では基本母音だけで倍の10あります。韓国に「아 다르고 어 다르다・アタルゴ オ タルダ」（「あ」と「お」は違う）ということわざがあります。「아・ア」と「어・オ」は共に母音ですが、韓国語の母音には陰陽の区別があって、前者は陽母音、後者は陰母音です。「自分」のことは「나・ナ」と、「お前」のことは「너・ノ」という具合に、陰

陽により言葉が区別されています。つまり「아 다르고 어 다르다・ア　タルゴ　オ　タルダ」というのは、「俺」と「お前」ほどの違いだという意味です。

日本語の子音には清音と濁音の区別があります。韓国語にも濁音はありますが、それは無意識のうちに発音されているもので、表記には区別がありません。代わりに、激音と呼ばれる激しい息をともなう音や、濃音と呼ばれる緊張音があります。これも、日本人には難関で、発音するにも聞き取るにも苦労するようです。

早く覚えるには

「韓国語を早く覚える方法はありませんか」という質問を今までに何度も受けました。日本語の環境の中で育ち、言葉の発想も発音器官も日本語に慣れきってしまっている皆さんが、韓国語を効率的に学ぶには、どのようにしたらよいのでしょうか。

韓国語に限ったことではありませんが、一般に言葉の覚え方には、大きく分けて聞いて覚える方法と読んで覚える方法、つまり耳で覚える方法と目で覚える方法の２つがあります。人によって好みがあり、文字が読めなくても立派に会話のできる人がいる一方で、あいさつをすることも億劫なほど会話が苦手なくせに難しい書物を読みこなしたり翻訳したりできる人もいます。また、歌や念仏のように丸暗記する人がいる一方で、一言一句理屈で納得しないと先に進めない人もいます。

私が、NHKラジオの「ハングル講座」に講師として

出演していたとき、リスナーから次のような内容の手紙を受け取ったことがあります。

「『ハングル講座』で勉強しています。『살다・サルダ』（住む）という動詞が、『삽니다・サムニダ』（住みます）に変わると、語幹のㄹ・リウルがなくなるのが納得できません。一晩中考えてもどうしても理解できないのでお手紙を書きました」

これを読んだとき、一晩中考えた人にとても葉書などで返事はできないと思い、便箋に長々と返事を書いたことを思い出します。こういう方は、言葉の仕組みに納得できないと前に進めないタイプです。

1999年度（平成11年度）の早稲田大学語学教育研究所の私のクラスに斎藤朋次郎君という学生がいました。全盲の学生です。会話の中級クラスでしたが斎藤君は受講するにあたって「自分を特別扱いしないで、黒板を使って普通に授業を進めてほしい」と述べていました。1年間一度も授業を休んだことがなかったと記憶しています。声優顔負けのすばらしい声の持ち主で、将来は日韓の障害者のために通訳の仕事をしたいと言っていました。いつも笑顔で私の話を聞きながら熱心にノートを取っていた斎藤君の姿を、時々思い出すことがあります。

斎藤君は、点字でノートを取っていましたが、学習した用例を繰り返し声に出して覚えるとのことでした。斎藤君にとって「살다・サルダ」が「삽니다・サムニダ」に変わる理屈よりも、実際に使える言葉をそのまま覚えることのほうが大事だったのです。耳がよいの

で発音も美しく、成績は抜群でした。

　何よりも、自分に合った勉強法を見つけることが大切です。文法が得意な人は基本文型からじっくり学んでいけばよいでしょう。理屈の嫌いな人は、とにかく通じる言葉を覚えて話してみることが近道です。あとは、積極性があるかどうかです。

　私の経験から言うと、日本人は理詰めでものを考える人が多いように思います。助詞を説明するときも口頭でひとつひとつ説明するよりも、対応する日本語と共に表にするとわかりやすいようです。しかし、言葉をこのような枠組にはめ込んで理解する方法には、逆に枠から踏み出すことができなくなるという問題もあります。特に話し言葉では語順が入れ換わったり省略されたりすることが多いので、枠組にはめ込んで言葉を覚えていると融通が利きません。

　たとえば、こんな笑い話があります。韓国語講座で、食堂で使う会話の例文として「ここにビール１本と焼肉２人前ください」という用例を載せました。これを学習した３人の受講者が韓国旅行中に「ハンシクタン・〔韓食堂〕（韓国料理店）」へ行って注文をしました。ところが３人とも「ビール１本と焼肉２人前」しか言えなかったので、１度注文してまた追加で頼んだというのです。

　またあるとき、「이리 오십시오・イリ　オシプシオ」（こちらへ来てください）、「그리 가십시오・クリ　カシプシオ」（そちらへ行ってください）、「저리 가십시오・チョリ　カシプシオ」（あちらへ行ってください）

という道案内の言葉を教えたところ、しばらくたって1人の受講者が言いました。駅はどこかと尋ねられて「이리 오십시오・イリ　オシプシオ」はすぐ言えたが、「저리 가십시오・チョリ　カシプシオ」がどうしても思い出せなくて案内できなかったと。覚えた言葉が枠の中にきっちりはまり込んでいて、融通が利かなくなったのでしょう。「こちらへ来てください」が言えるのなら、「이리 오십시오・イリ　オシプシオ」と言って先に立って案内すればよいではありませんか。

人はそれぞれ性格が違いますが、きちんと使うことばかり気にしていたら、言葉は上達しません。完璧に使うにはそれなりの時間がかかります。自分に合った勉強方法を早く見つけること、これが結論です。

方法が見つかったら、あとは努力です。聞くことに集中するのもよいでしょう。書いて覚えるのも上達を助けます。辞書の引き方に慣れることは文章を理解するのに欠かせません。そして、できる限り韓国人とつき合うことをお勧めします。これは韓国への関心を深め、生きた言葉を学ぶことに役立ちます。その際大事なことは、間違いを恐れないで話したり書いたりすることで、これがなかなか実行できない人は、相手の韓国人のものおじせず、細かいことを気にせず、図々しいほどの積極的な行動力を真似てみることです。

これが韓国語をマスターする近道なのです。

❸ あいさつ、敬語などの表現

「アンニョンハシムニッカ」は顔を見ながら

　日本も韓国もあいさつの文化と言われるだけあって、特にあいさつの表現が豊富です。日本語の「おはようございます」「こんにちは」「こんばんは」に当たる韓国語は「안녕하십니까?・アンニョンハシムニッカ」です。韓国語を学んでいる日本人は、１つのあいさつが一日中いつでも使えて便利だと喜びますが、日本に住んで長いこと観察していると、同じ出会いのあいさつでも両者はずいぶん違うということに気がつくようになります。

　何が違うかというと、「おはようございます」「こんにちは」「こんばんは」といった日本語の出会いのあいさつは相手の存在が確認できない場面でも使えるということです。たとえば御用聞きが勝手口から入って「こんちはー」と言ったり、店に入ったときに誰もいなければ奥に向かって「こんにちは」と声をかけますが、こういう使い方は「アンニョンハシムニッカ」にはありません。「アンニョンハシムニッカ」というのは、もともと「お元気ですか」「お変わりありませんか」という意味ですから、そこには個人であれ集団であれ必ず対象となる相手がいるのです。まず相手を見てから「アンニョンハシムニッカ」とあいさつするわけですが、会

釈した後でもう一度相手を見ます。そのときの相手の表情や態度で、相手の自分に対する感情などを見て取ります。日本ではあいさつをしたくない相手には、すれ違いざまに下を向いたまま「こんにちは。昨日はどうも」のように言いますが、韓国ではこれはありえないことです。嫌な人には、はっきりと顔をそむけます。ですから、韓国人にあいさつするときには、必ず相手の顔を見て「アンニョンハシムニッカ」と言わないと、相手は自分が嫌われていると思うかもしれません。

　日本では、たとえば銀行に行ったとき、窓口に近づくと、行員たちが一斉に「いらっしゃいませ」と大きな声であいさつをしてくれます。最初のうちはその明るく美しい声に聞き惚れていましたが、よく見ると下を向いて仕事をしながら言っていることに気がつきました。ちょうど知り合いの銀行員がいたので、この話をしてみたら「それは、お客さんに対して言っているというよりは、後ろで聞いている上司に対してマニュアルを忠実に守っていますよと訴えているんですよ」ということでした。なるほど、日本のあいさつはそんなものかなあと思いました。韓国ではサービス業の分野で日本のあいさつの仕方を取り入れはじめており、あいさつ文化も変わりつつありますが、下を向いたままあいさつをするというのは、本来の韓国文化にはないのです。

　もう1つ「アンニョンハシムニッカ」が「こんにちは」と違う点は、たとえば会社で毎日会っている人に対してはあまり使わないということです。「アンニョン

ハシムニッカ」は先ほども述べたように相手が元気かどうかを確認するあいさつですから、毎日会っている相手にわざわざ「お元気ですか」と聞くこともないでしょう。ですから、こんな場合には「お早いご出勤ですね」と言ったり、「今朝は道が混んでいたでしょう」など、そのときそのときの話題を持ち出したりします。こんな場面で「アンニョンハシムニッカ」と言うと、ちょっとよそよそしい感じがします。

　また、たとえば会社に出勤してエレベーターに乗るとき、日本人だったら先に乗っていた人が知らない人でも「おはようございます」とあいさつをして乗るでしょう。すると相手も必ず「おはようございます」と返します。ところが、同じ場面で韓国人に「アンニョンハシムニッカ」と言ったら、相手はきっと怪訝な顔をして「どちら様でしたっけ」と聞き返してくるでしょう。「アンニョンハシムニッカ」は通りすがりの知らない人には使わないものだからです。

　日本では、たとえばハイキングの最中に知らない人とすれ違うとき「こんにちは」とあいさつをします。しかし、韓国ではこんな場面では、「アンニョンハシムニッカ」ではなくて「수고하십니다・スゴハシムニダ」(お疲れさまです)などと言います。こんなふうに見てみると、「안녕하십니까?・アンニョンハシムニッカ」は決して簡単なあいさつではないことがおわかりになるでしょう。

日本人とお天気の関係

　日本語のあいさつに「いいお天気ですねえ」というのがありますが、これも韓国語にはありません。日本は雨が非常に多く、365日のうちで東京と大阪で1mm以上の雨が降った日を数えたら、年間191日もあったと新聞にありました。言ってみれば、1年の半分以上が雨です。こんな気候の日本ですから、晴れる日が待ち遠しく、それが「いいお天気ですね」というあいさつになるのだと思います。

　私がNHKの国際局でアナウンサーをしていたころ、よく地方との中継放送がありました。「それではここで広島につないでみましょう」と言って広島が出ると、横にいるディレクターが「天気を聞け、天気を聞け」とせかします。「東京は肌寒いお天気ですが、広島はどうですか」と聞くと、「広島はぽかぽかして暖かいですよ」と返事が返ってきて、おさまるわけです。次にソウルとの中継になるのですが、またディレクターが「天気を聞け」と言います。「お天気はどうですか」「ソウルの空は青く晴れ渡っています」とのやりとりの後、さらにリスナーとつながると、ディレクターがまた「天気を聞け」と言うのです。日本人が聞いている分には問題ないのですが、韓国人には異様に聞こえるのでしょう。後から手紙が来ます。「日本人はどうしてそんなに天気のことを気にするのですか」。

　韓国人が天気を人に聞くときは「いつ晴れるか」ではなく「いつ雨が降るか」が気になって聞くのです。年間降水量が日本の半分の韓国では、この聞き方が自然

なのです。一方、晴れる日が待ち遠しい日本では、「晴れ」はすばらしいことで、晴れた日を表す言葉が実に豊富です。「日本晴れ」に始まって、「五月晴れ」「秋晴れ」「夕晴れ」に「天晴(あっぱれ)」。また、「晴れ晴れとした表情」とか「晴れて2人は結ばれた」などという表現もあり、晴れることが最高の幸福を表しているかのようです。こういう表現は、韓国語には見られません。日本独特の気候から生まれた言葉だと思います。

　気候といえば、日本人はあいさつや生活だけでなく、その性格までが天気から実に大きな影響を受けているようです。これもNHKにいたときのことですが、解説番組で、日本人は世界一せっかちな国民ではないかという話がありました。信号が待ちきれずに、横の信号が黄色になったらもう渡りはじめる人もいるので、私はそのとおりだなと思いながら、これを韓国語に翻訳しました。

　そのころ、駅までバスで20分ほどのところに引っ越したのですが、冬の寒い日にバスを待っていても、なかなか来ないのです。そんなとき、私はイライラして、すぐにタクシーに乗って帰ったりしたものです。しかし、他の人たちをよく見てみると、みんな黙ってじーっとバスを待っています。韓国人に比べれば、はるかに辛抱強い。そのときから、日本人の辛抱強さに目をやり始めたところ、反対に日本人は世界一辛抱強い民族ではないかとさえ思うようになりました。

　日本では子供のときから、我慢しろ、辛抱しろと育てられ、しつけられることもあって、我慢するという

ことが日本人の基本になっているように思いますが、これは、しつけとか教育とか言う以前に、私は気候の影響だと思っています。たとえば梅雨は日本人には避けられないわけで、エアコンなどがなかったころは、窓を開けて、うちわで扇(あお)ぐぐらいしかなかったわけです。窓を開けても風が吹いてくれなければ、あきらめてじっと我慢するしかありません。中には、梅雨時になったら雨戸を閉めて、電気をつけて本を読むのが楽しいという人もいるわけです。だから我慢強さは韓国人には真似できないというのが私の持論です。

　韓国ではどうかというと、どんなに暑いときでも、日向(ひなた)から逃げて木陰や家の中に入ると涼しいのです。逃げ場があるわけです。それで韓国人は何かにつけて逃げ場を求めながらキョロキョロと生活しているのです。

　気候の影響のひとつとして、日本では人と肌が触れ合うことを嫌うということがあります。電車やバスに乗っていても、服の上から手がちょっと触れただけで顔をしかめる人がいます。高温多湿の気候の影響ではないかと思います。娘を日本に嫁がせた韓国の母親から「日本では夫婦が布団を別々に敷いて寝るっていうけど、本当ですか」と聞かれたことがあります。韓国では、夫婦が布団を分かつというのは別居・離婚の始まりを意味します。喧嘩をしても、普通の喧嘩なら一緒に寝ます。ところが、日本では旅館に行っても、夫婦の寝床は別々で、ダブルの布団が置いてあるのは見たことがありません。湿度の高い日本では人と人との距離が保たれ、夫婦でも別々に寝る習慣があるのかも

しれません。

　韓国に行くと、手をつなぎながら歩いている人たちが目につきます。親子や女同士だけではなく、男同士でも手をつないだり腕を組んで歩いています。日本人の目には奇異に映るようですが、韓国人にとっては自然な親しみの表現であり、別に抵抗のあることではありません。夏でも、相手の手がべとついていて不愉快な思いをすることはあまりありません。このことは、気候とは特に関係ないようですが……。

訳しにくい決まり文句

　韓国語は日本人にとって外国語のひとつです。皆さんはまず日本語で頭に浮かんだことを韓国語に訳して話そうとします。入門学習者の場合は、特にそうです。韓国語にぴったりの言葉があればいいのですが、日常よく使われる簡単な言葉ほど置き換えは難しいのです。そのことについてお話します。

　日本語の決まり文句でよく使われるものに「すみません」「どうも」「どうぞ」「ありがとう」「大丈夫」「お願いします」「よろしく」「ちょっと」などがあります。これらは実に用途が広い言葉で、外国人もこれさえしっかり覚えれば日本で立派に暮らしていけるのではないかと思えるほどです。ところが、これらの言葉の中でも「どうも」「どうぞ」「よろしく」「ちょっと」などは非常に翻訳しにくい言葉なのです。

　「すみません」はもともと謝罪する言葉ですが、この日本語は必ずしも謝る場面で使われるとは限りません。

謝罪の表現は、韓国語では「미안합니다・ミアナムニダ」とか「죄송합니다・チェーソンハムニダ」と言います。たとえば、「遅くなってすみません」は「늦어서 미안합니다・ヌジョソ　ミアナムニダ」「늦어서 죄송합니다・ヌジョソ　チェーソンハムニダ」と言います。ところが、日本語で「すみません。誰かいますか」と言うときの「すみません」は別に謝罪をしているわけではないのです。こんなときは「실례합니다．아무도 안 계세요？・シルレハムニダ．アムド　アンゲセヨ」(失礼します。誰もいらっしゃらないのですか)と言います。

「どうも」という言葉は、非常に用途の広い、翻訳家泣かせの言葉です。「どうもすみません」と言うと、これは「大変申し訳ありません」という意味になりますから、「대단히 미안합니다・テダニ　ミアナムニダ」と訳すのですが、「どうも頭がすっきりしない」と言うときの「どうも」は「なんだか」という意味ですから、韓国語にするときには「어쩐지 머리가 띵하다・オッチョンジ　モリガ　ティンハダ」と訳します。用途が広いということは、覚える言葉の数は少なくて済む代わりに、用法が難しくなるということでもあります。

「どうぞ」という言葉も曲者です。「どうぞお入りください」の「どうぞ」は「ご遠慮なく」という意味ですから、韓国語に訳すときは「어서 들어오십시오・オソ　トゥロオシプシオ」(さあ、お入りください)となりますが、「どうぞおかまいなく」の「どうぞ」は嘆願する意味ですから、この場合には「됐습니다．신경 쓰

지 마세요・テッスムニダ シンギョン スジ マセヨ」（結構です。お気遣いなく）などとします。

「ちょっと」という言葉も実に広い意味で使われます。「ちょっとお待ちください」の「ちょっと」は、短い時間というような意味だと思いますが、たとえばデパートの店員が「その商品はちょっと置いてございませんが」などと言うときの「ちょっと」とは、一体何なんでしょう。あえて言えば「申し訳ありませんが」という意味でしょうか。

「お願いします」は「부탁합니다・プータカムニダ」と言います。日本語の「お願いします」は、ものを頼むだけでなくいろいろな場合に使える便利な言葉です。「速達でお願いします」「窓側にお願いします」「ファクスでお願いします」「よろしくお願いします」などは韓国語でもこのまま訳せます。それぞれ「속달로 부탁합니다・ソクタルロ プータカムニダ」「창문쪽으로 부탁합니다・チャンムンチョグロ プータカムニダ」「팩시밀리로 부탁합니다・ペクシミルリロ プータカムニダ」「잘 부탁합니다・チャル プータカムニダ」と言います。

ところで日本語では物を買うときにも「これをお願いします」と言います。このときの「お願いします」は、「売ってくれ」を丁寧に言う言葉なので、「부탁합니다・プータカムニダ」ではなく、「주십시오・チュシプシオ」（ください）と言います。「부탁합니다・プータカムニダ」はいい言葉なので、韓国語を勉強する人はぜひ覚えて使えるようにしてくださいと言っているのですが、辞書に載っている意味だけを鵜呑みにして使うと、

まったく意味が通じなくなることがあります。

　日本語は日本語なりの、韓国語は韓国語なりの言語世界を持っているわけで、いくら構造が似ている言語だからといって、すべてを直訳して済むものではありません。言葉をすべてそのまま訳して理解しようとすると、必ず行き詰まってしまうものです。

　私は日本に住んですでに半世紀になろうとしていますが、マスコミで仕事をしていても直接触れることのできるのは日本の、しかも東京の一部ですし、それを補うのはテレビや新聞で見聞きした情報に過ぎません。日本の生活や文化について語るには日本をくまなく見て歩かなければならないわけで、それは不可能なことです。　ですから、韓国に１週間とか１カ月住んで、韓国のことを何でも知っているかのような言い方をする日本人に会うと、困惑します。半世紀暮らしてみて、やっとわかる文化というものもあるのです。

親にこそ敬語

　尊敬を表す敬語があることは韓国語と日本語の共通点のひとつですが、使われ方は少し違うようです。韓国語では年齢や社会的地位が自分より高いと思う人には必ず敬語を使うのが常識です。目下の人に対する、敬語の反対の言葉を「반말・パンマル」（ぞんざいな言葉）と言いますが、軍隊では命令などの公用の言葉は別として私語の場合、若い上官は年上の下級兵に対して「パンマル」を使わないし、刑務所（韓国では矯導所・キョドソ）の職員（刑務官・ヒョンムグァン）も

年輩の受刑者に対しては言葉は「パンマル」でないと聞いています。

　身内の者でも、祖父母や親には敬語を使わないと不自然です。親については特にそうです。日本語のように他人の親に対しては「お父さん」「お母さん」と言い、自分の親については「おやじ」「お袋」というような表現はありえません。ただ、韓国の若い女性の中には親に向かって平気で「パンマル」を使う人がいますが、これは甘えて言っているだけなのです。以前ですと、周囲にいる年長者に、親に対する乱暴な言葉遣いを叱られ直されたのですが、核家族では甘やかされてばかりいて、正しい言葉遣いを教える人も厳しく咎める人もいなくなったからではないでしょうか。

　それはさておき、日本語とは敬語の使われ方が違うことがおわかりになったと思います。

　ところで、韓国語には「ありがとうございます」に当たる感謝の言葉は「감사합니다・カムサハムニダ」と「고맙습니다・コマプスムニダ」の2つがあります。「감사・カムサ〔感謝〕」は漢字語で、「고맙다・コマプタ」は固有語です。それぞれ親しみを込めた表現として、「감사해요・カムサヘヨ」「고마워요・コマウォヨ」という形もあります。日本語では、他人に対しては「ありがとうございます」と言いますが、自分の親に対しては「お父さん、ありがとう」とくだけた表現を使います。親というのは身内だから敬語を使うのはぎこちないというのが最近の人の考え方で、「パパ、サンキュー」などとも言いますが、韓国では親に対してこ

そ敬語を使わなくてはいけません。それも「カムサヘヨ」「コマウォヨ」のようにくだけた言い方でなく、特に私たちの世代は、親に対して「고맙습니다・コマプスムニダ」と丁寧に言わなければいけないとしつけられたのです。このように敬語の使い方の違いを押さえないと、韓国語の決まり文句ひとつ的確に使えないということになるのです。

パンマルにご用心

　日本語で「行く」を敬語にすると「行かれる」になりますが、韓国語の敬語の使い方もこれに似ており、たとえば「가다・カダ」（行く）に「시・シ」という音を挟んで「가시다・カシダ」にすると尊敬形になります。「お」のような尊敬の接頭語はありませんが、日本語の「する」に対する「なさる」、「食べる」に対する「召し上がる」などのように尊敬形が別の語形をとるものがあります。「먹다・モクタ」（食べる）に対する「잡수시다・チャプスシダ」や「자다・チャダ」（寝る）に対する「주무시다・チュムシダ」などで、このような点でも敬語は日本語に近いと言えます。

　ただし、敬語の使い方には先に述べたこと以外にも違いが見られます。身内について他人に話すときに、日本語では敬語は使いませんが、韓国語では自分にとって目上であれば敬語を使います。たとえば、父親の不在時に父親に電話がかかってきた場合、「父はおりません」ではなくて「아버님은 안 계십니다・アボニムン アンゲシムニダ」（お父様はいらっしゃいません）など

と言います。

　また、少しの歳の差でも敬語を使わなければいけないので、言葉遣いをめぐってよく喧嘩が起きます。韓国語には「반말・パンマル」というものがありますが、大抵の喧嘩は、自分に「반말・パンマル」を使ったということが原因です。目下に対する言葉遣いもはっきり決まっており、子供に対する言葉は犬に向かって言う言葉と同じです。「밥 먹어라・パンモゴラ」（飯食いな）は子供にも使えるし犬にも使えます。

　日本人も、ある程度韓国語ができるようになると、そろそろパンマルを使ってみようかという気になるようです。中級学習者の中にはパンマルを教えてくれと言う人たちが出てきますが、これにはちょっと躊躇します。パンマルは上手に使うと互いに親しみが深まってよいのですが、使い方を間違えると喧嘩になりかねないからです。

　ある程度韓国語が話せるようになった人が韓国語しか使わないという決心をして韓国へ行ったときのことですが、露店でマクワウリを売っているお婆さんがいたので「이거 얼마니?・イゴ　オルマニ」と尋ねてみたそうです。日本語では市場のお婆さんに話しかけるときには、普通あまり敬語は使わないので、彼は「これいくら」というつもりで言ったのですが、お婆さんはキッとなって彼をにらみつけるやいなや、ワーッとまくしたてて始めたそうです。韓国で60歳過ぎの女性が「〜니?・〜ニ」と話しかけられることは絶対にありません。なぜなら、これは子供に対して使う言い方だから

です。

　言葉にはその人の品格が表れるものです。わざわざパンマルを使って品格を落とすことはないのではないかと思いますが、いかがでしょうか。

　韓国に「절하고 뺨 맞는 일 없다・チョルハゴ　ピャム　マンヌンニル　オプタ」（お辞儀をして頬を殴られることはない）ということわざがあります。敬語を使ったからといって相手に不愉快な思いをさせることもないし、殴られることもないという意味です。韓国ではこのように敬語を大事にしていますが、逆に敬語を使われると面はゆいこともあります。対等な関係であるにもかかわらず敬語を使ったりすると、「말씀 낮추세요・マールッスム　ナッチュセヨ」（言葉を下げてください）、つまり敬語を使わなくてもよいと言われることもあります。

　日本語では敬語の存在が希薄になってきて、新入社員が部長に「メシ食いに行きませんか」と言い、部長が「じゃあ食事にしようか」と答えたりします。言葉を聞いただけでは、どちらが部長かわかりません。日本語では、こういった言葉遣いによって親しい関係を作り出すことにもなるのでしょうが、韓国語ではある特定の相手、たとえば両親や祖父母、年長者に対しては敬語を使わなければならないということが不文律として存在しているのです。

新年のあいさつ

　お正月になると、日本語では「明けましておめでと

うございます」と言いますが、これがまたピッタリした韓国語がないのです。「おめでとうございます」という日本の固有語のあでやかな響きは、韓国語にはなかなか置き換えにくいものです。韓国のお正月のあいさつは「새해 복 많이 받으십시오・セヘポクマーニパドゥシプシオ」です。直訳すると「新年に福をたくさん受けてください」という意味です。日本語に訳すと、あまりにもストレートで、ありがたみのない言葉になってしまいます。

日本語でも「七福神」とか「鬼は外、福は内」「福々しい顔」などというように、「福」という言葉があることはあるのですが、韓国語ほどは頻繁に使いません。

韓国には昔から「오복・オーボク〔五福〕」という言葉があります。これは中国伝来の思想ですが、「수복・スボク〔寿福〕」(長寿)、「부복・プーボク〔富福〕」(財力)、「강녕복・カンニョンボク〔康寧福〕」(健康)、「유호덕복・ユーホトクポク〔攸好徳福〕」(人徳)、「고종명복・コジョンミョンボク〔考終命福〕」(天寿全う)の5つを指します。この5つの福に恵まれることが人として最も幸せであるという意識が、韓国人にはあるのです。

また、これ以外にも「복・ポク〔福〕」のつく言葉がたくさんあります。たとえば、「인복・インポク〔人福〕」と言うと、人に恵まれているという意味になり、「인복이 있다・インポギ イッタ」(人福がある)、「인복이 많다・インポギ マンタ」(人福が多い)というふうに使われます。「집복・チッポク」と言えば家に恵まれてい

ること、「자식복・チャシクポク〔子息福〕」と言えば子供に恵まれていることで、子供がたくさんいるというだけではなく、親孝行な子供がいるということでもあります。「남편복・ナムピョンボク〔男便福〕」と言えば夫に恵まれていること、「처복・チョボク〔妻福〕」と言えば妻に恵まれていること、さらに「일복・イルボク〔イル福〕」と言えば仕事に恵まれていること、などなど。このように現実的な様々な「福」に今年は恵まれなさりますようにという意味で「새해 복 많이 받으십시오・セヘポクマーニパドゥシプシオ」と言うわけです。

「明けましておめでとうございます」で思うのですが、日本人は、その場の雰囲気に合わせて無条件に「おめでとうございます」と言い合い、めでたさを互いに確認しながら生活しています。そのとき自分がめでたいと思っていなくても、儀式として言葉が交わされるわけです。一方、韓国語の「새해 복 많이 받으십시오・セヘポクマーニパドゥシプシオ」は、正月が来たということがめでたいかどうかは問題にせず、相手に対し「お幸せに」と言葉をかけるのです。自分の気持ちを相手に伝えるだけなのです。互いに相手の今の気持ちを察することがまったくないままあいさつが交わされる、というところに韓国語の特徴が表れているような気がします。

「トクタム〔徳談〕」の効用

ところで、私の幼いころのお正月を思い出すと、朝

起きたら、まず枕元に置いてある晴れ着を着て、先祖の祭壇(さいし)の前に並んで礼拝をします。特別な祭祀ではありませんが、朝起きたらまず先祖に一礼をするのがしきたりです。それから、オンドル部屋の中で床の特に温かい「아랫목・アレンモク」と呼ばれる上座に、「할아버지・ハラボジ」(おじいさん)、「할머니・ハルモニ」(おばあさん)が座る。そうすると、まず私の「아버지・アボジ」(父)、「어머니・オモニ」(母)がおじいさん、おばあさんの前に出て正座をすると、両手をついて頭を下げ、「새해 복 많이 받으십시오・セヘポクマーニパドゥシプシオ」とあいさつをします。両親が後ろに下がると、次に私たち子供が前に出て、年上から順に同じようにあいさつをします。それが終わると、おじいさん、おばあさんは席を外し、その上座に両親が座ります。そして、両親にまた同じように、兄弟が新年のあいさつをします。すると今度は、長男が上座に座ります。生意気そうに座った長男に対し、次男以下の兄弟があいさつをするのですが、私は兄と3つしか違わないので内心しゃくに障りながらも、そこはひととおり型に沿ってあいさつをします。

　この一連のあいさつの中で、上座に座った者は、あいさつを受けた返礼に「덕담・トクタム〔徳談〕」という言葉を返します。これは、辞書には「正月に交わす幸運や成功を祈る言葉」と書いてありますが、私に言わせれば一種の「お小言」なのです。私は「激励の小言」と訳しているのですが、たとえば、私の両親が祖父母にあいさつし終わると、おじいさんが口火を切っ

て、「おまえさんは酒がちょっと過ぎるんじゃないか」と父親に小言を言います。次に母にまた何か小言を言う。次に、私たち兄弟が両親にあいさつする段になると、小言がエスカレートして、「おまえの成績はいったい何だ。算数の点が悪すぎる」などとぼろくそに言われるのです。「今年こそがんばれよ」という意味で言ってくれているのですが、決して「がんばれ」とは言わない。次に、兄にあいさつをする段になると、「おまえ、これからは俺に逆らうんじゃないぞ」などと、それこそ箇条書きにしていろいろな小言を言われるのです。昨日まで一緒にいたずらをしていたくせに、正月になると突然年功序列が顔を出し、私は「よくわかりました」と神妙に言わなければならないのです。決して、逆らってはいけません。これが終わると、一堂に会してお雑煮を食べたりするわけです。

　家族の中で育ってきた韓国人は、みな幼いころからこの「덕담・トクタム〔徳談〕」を聞かされて育ちます。それで、社会に出た後で友達や先輩、上司たちから小言を言われても、それが単なる文句ではなく「덕담・トクタム〔徳談〕」に聞こえることがあるのです。だから人に間違いを指摘されてキレるなどということが少ないのではないかと思います。一方、日本人が人の言葉にカチンと来たりキレたりすることがあるのは、改まって小言を言い、それを黙って聞く「덕담・トクタム〔徳談〕」の文化がないからではないかと思えるのです。古くからの韓国の風習も、あながち無益なことばかりではないような気がします。

❹ 持つべきは韓国人のチング

「ケンチャナヨ」

「괜찮아요・ケンチャナヨ」というのは、「大丈夫です、心配いりません」という意味です。常に周りに気を遣いながら暮らしている日本人には、この「ケンチャナヨ」というおおらかな言葉は、よほど羨ましく映るのでしょう。画家の岡本太郎さんが生前書かれたエッセイにも、この「ケンチャナヨ」が出てきます。韓国旅行中、列車の中で知り合いになった青年にもてなしを受けて勘定書を見たら、彼の１カ月分の給料の額になると聞きびっくりしていると、彼は平気な顔で「ケンチャナヨ」を連発した。韓国人は「ケンチャナヨ」の文化を持っている。私たち日本人が貯金通帳の残高を気にしながら生活しているのとは大違いだ、とありました。1970年の大阪万博のころですからずいぶん古い話ですが、以後いろいろな人の口から似たような言葉が聞かれ、韓国人の「ケンチャナヨ」は日本ではもはや韓国文化を集約した言葉のように思われています。

確かに「ケンチャナヨ」という言葉には韓国人のおおらかな気性、楽天的な性格が表現されていますが、一面その無責任さ、いい加減さも反映されていることは否めません。このことについては韓国人も異論はないと思います。

ただ、「ケンチャナヨ」という言葉の正確な使い方について一言述べておかなければなりません。早稲田大学の学生に「NHKの『ハングル講座』で、「ケンチャナヨ」は、食卓で水をこぼした人がこぼされた人に言う言葉であると説明していたんです。先生の言っていることと違いますが、どちらが本当ですか」と質問を受けたのがとても気にかかったからです。

 はじめに述べたように、「ケンチャナヨ」は「大丈夫です、心配いりません」という意味の言葉です。「寒いでしょう。上着を貸しましょうか」と言われて「ケンチャナヨ」、「疲れたでしょう。ここに座ってください」と勧められて「ケンチャナヨ」などのように、気遣ってもらって断る言葉として使うのが一般的です。これには「すみませんね。ありがとうございます」のニュアンスも含まれています。また、「コーヒーはいかがですか」に対して「ケンチャナヨ」と言えば「ノーサンキュー」の意味にもなります。

「ケンチャナヨ」がややこしいのは、相手に聞くときも答えるときも同じ言葉であることです。聞くときの「大丈夫ですか」は語尾を上げて発音し、「大丈夫です」と言うときは語尾を下げて言います。この語尾の上げ下げは、韓国人もそのときの雰囲気で判断しているので、慣れない日本人には聞き取りにくいでしょう。聞き取れない言葉を言うのはなおさら難しいものです。韓国の市場で買い物をしていた日本人が5000ウォン札しかなかったので差し出しながら「小銭がないのですが、これでいいですか」のつもりで「ケンチャナヨ？」

と言ったら、店の人は「カムサハムニダ」(ありがとうございます)と受け取っておつりをくれなかったという経験談を聞いたことがあります。店の人は、自分に都合のいいように「おつりは結構です」という意味に受け取ったのでしょう。

テレビの「ハングル講座」で、水をこぼした人が言ったという「ケンチャナヨ」は、「ケンチャナヨ?」(大丈夫ですか)の誤解ではないかと思いました。ところが、調べてみたところ誤解ではなく、講師の韓国での実際の体験に基づいたものだというのです。

これを聞いて思い出すことがあります。韓国・朝鮮問題にも詳しい作家の関川夏央氏が書いた『東京からきたナグネ』(1986年、筑摩書房)に載っていた話です。韓国人女性と酒場で焼酎を飲んでいたとき、彼女がグラスを倒し酒が自分のズボンにふりかかった。すると彼女は「ケンチャナヨ」(気にしないで)と言ったそうです。そして次のように続けています。

「なるほどこう使うのか。こぼしたほうが『気にしないで』という。韓国語も朝鮮語も奥が深い。わたしは濡れた膝をかかえ、新たな発見の感動と冷たさに震えていた……。ズボンが濡れようが命にも生活そのものにも関係ない。それはそうなのだ……」。

作家の異文化への鋭い洞察力や軽妙な文体もあいまって、この例外的な「ケンチャナヨ」体験談を読んだときには声を出して笑ったことを覚えています。ここで一緒に焼酎を飲んでいた韓国人女性が「ミアナムニダ」(すみません)と言わずに「ケンチャナヨ」と言っ

たのは、おそらく関川さんに特別な親しみを感じていたからだと思います。親しき仲にも礼儀ありの日本人と違って、韓国人は兄弟や親友に「ごめんね」「ありがとう」といった謝罪や感謝の言葉をあまり言いません。口に出さなくても、すまない気持ちや感謝の気持ちは伝わるのであって、それを口にするのは水臭いからです。親しい相手が謝らないからといって、韓国人には「何か言えよ」という感情は起こりません。彼女の場合も関川さんに親しみの感情を抱いていたので、すまない気持ちをとっさにごまかして「ケンチャナヨ」と言ったのでしょう。親しい人に対しても初対面であるかのように折り目正しく接する日本人には、韓国人のような態度はなにかと誤解を招きやすいものです。

確かに、関川氏が体験したように「ケンチャナヨ」に「大丈夫、心配するな」の意味がないわけではありません。子供が転んで泣いたりすると、母親は、「ケンチャナ、ケンチャナ」と言います。心配性の人に「ケンチャナヨ」と声をかけることもあります。しかし、食卓で水をこぼしたら「ミアナムニダ」（すみません）と謝るのが普通です。嘘だと思ったら同じ場面で「ケンチャナヨ」と言ってみてください。ただし、喧嘩になることは覚悟の上で。

たかが「ケンチャナヨ」ぐらいでと思われるかもれません。しかし、講師が教室で自分の経験をもとに思っていることを話すのは一向に構いませんが、NHKの講座での解説が多くの人に大きな影響を与えることを考えると、もっと慎重であってほしいとネイティブ

の1人として思うのです。

一人酒のない韓国

　日本には「一人酒」という言葉もあるくらい、1人で酒を楽しむ人たちがたくさんいて、一人酒に涙する歌まであります。普段、集団行動をとる日本人は、1人でくつろぐ時間を大切にします。韓国にも、日本と同じように居酒屋（술집・スルチプ）がありますが、こういうところに1人で入ると、何をしに来た客かと怪訝な目で見られます。韓国の居酒屋は、普通誰かと連れ立って入るところだからです。韓国人に一人酒を楽しむという習慣はありません。いつもグループから離脱することを考えながら行動する韓国人は、くつろぐ時間には群れたがる。では、韓国人が1人でぶらりと立ち寄る飲み屋がないのかというと「포장마차・ポジャンマチャ〔幌張馬車〕」というものがあります。日本でいう「屋台」のようなものですが、このポジャンマチャに1人で入った韓国人は男でも女でも、2分もたたないうちに隣の人と仲良くなって、ああでもない、こうでもないと話に花を咲かせるようになります。

　以前「韓国に潜入している北のスパイは1000人を下らないだろう」という韓国の新聞記事を目にしたことがあります。ポジャンマチャのようなところで飲んでいると、隣の人が出身地とか出身校などプライベートなことを聞いてきます。こちらがスパイだとしたら、適当に受け流しておいて、あとは自分の地位や財産などでっち上げた話を自信ありげに大声で話すと、周りの

韓国人はついつい巻き込まれてしまいます。そろそろ帰ろうかというころにニセの名刺を差し出して、今日は俺におごらせろと言って支払いを済ませます。日本では見知らぬ人におごってもらうことをよしとしませんが、韓国の人たちは一応断りながらも相手の好意に甘え、名刺を交換してポケットにしまいます。そして後日、例の名刺の者について問い合わせなどがあると、おごられたほうは、この人なら「잘 알아요・チャル アラヨ」（よく知っています）と言って、間違いのない人だとスパイの身元を保証するわけです。ポジャンマチャで一杯おごっただけで、身元保証人がすぐできる。こんな国では、スパイが1000人いてもおかしくないというわけです。

義理の日本・人情の韓国

日本人は義理に堅く、韓国人は人情にもろいと言われます。日本人は人情よりも義理を優先するので、韓国人の目には薄情に映ることもあるようです。たとえば、日本では親の死に目にあえなくても会社に重大事があればそれを果たすのが美徳だと思われている節がありますが、これは韓国人には理解できないことです。

日本のある大手会社の研修部門を担当している人が、韓国からの研修生の面倒を見たのですが、彼から帰国後に韓国に招待されました。1週間のスケジュールで韓国の東海岸を案内してもらっていたのですが、ちょうど3日目ぐらいに彼の家から入院中の父親が危篤だとの電話が入りました。それを聞いた彼は、恩人を1

人ホテルに残して病院にすっ飛んで行ったといいます。韓国では、何よりも親を大切にし、兄弟・親戚といった血のつながりを大事にするのです。

韓国人が親兄弟の次に大切にするのが学閥や学友です。今の日本では、早稲田、慶応など一部の大学では卒業後も先輩後輩の交流が盛んかもしれませんが、運動部でもない限り、社会に出てから上級生が後輩の前で先輩風を吹かせるということはあまりないでしょう。

戦前の植民地時代、当時の京城（今のソウル）には日本人の通う学校があちこちにありましたが、各クラスには韓国人学生も何人かいました。日本人は敗戦とともに引き揚げ、その後しばらくは国交も途絶えたので、日本人卒業生と韓国人卒業生は互いに連絡をとるすべがなかったのですが、1965年の日韓国交回復以降、韓国人卒業生たちが恩師やクラスメイトの日本人を捜し当て韓国に招待するということがよくありました。呼ばれたほうの日本人は、日本とはなにかと摩擦の多い国なので、一抹の不安を抱きながら現地の空港に降り立つと、顔にしわが増え半ば白髪になった懐かしい顔が抱きついてきて、昔のように呼び捨て合い、気さくな言葉で互いの抱いてきた気持ちを打ち明け合うなどして、それはそれは感激したといいます。日本では年を重ねると、昔の同級生でもよっぽど親しい仲でない限り互いに敬語を使ったりするのですが、韓国人の同級生は中学・高校のころそのままの言葉で話しかけてくれるので、それが日本人には嬉しいのだそうです。

行きすぎた潔癖性

　以前、韓国語会話のクラスに、口下手な学生がいました。韓国語がどうこう言う以前に、日本語からしておぼつかない上に人とのつき合いも得意ではない学生でした。本人も口下手を自覚していて、家族からも指摘される。そんな彼がなぜ韓国語を学んでいるかというと、彼の家に遊びに来た韓国人がとても話し好きな人で、それを見た家族が韓国人とつき合えばお前も少しは話せるようになるのではと考えたからだそうです。それには、韓国に行って韓国の人と生活したほうが効果的だということで、結局韓国に留学したのです。

　韓国の大学では授業の一環としてワークキャンプなどの奉仕活動をしなければいけないことになっていて、彼もワークキャンプに参加したのですが、ある日の休憩時間にペットボトルの水を回し飲みすることになったのだそうです。周りにいる韓国人学生は1人がラッパ飲みをして、隣の女学生に渡すと、隣の女学生も口をつけて飲んで、飲み跡を拭きもせずに次の男子学生に渡すというふうにペットボトルが回ってきます。日本ではこんなことをしたことがなかったので、逃げ出そうかと思いましたが、喉はからからです。いよいよペットボトルが回ってきたので、覚悟を決めてグッと一口飲み、隣の女学生に渡したのですが、彼女も一向に気にしていないようだったといいます。しかし、1本のペットボトルを回し飲みしたことにより、グループの親密度がぐっと増したと言っていました。

　日本人のきれい好き、清潔好みはわかりますが、取

り分けることもせずに鍋物を一緒につつく韓国人のおおらかさを見習ってほしいと思います。最近の日本人は、除菌だの抗菌だの防臭だのと、衛生に気を遣いすぎるような気がします。自分以外はみんな汚いものとして排除するような風潮ができてしまっているのではないかとさえ思いたくなります。電車のつり革を握る前にカバンからハンカチを出して巻く若い人がいるほどです。日本にいる間は徹底的に抗菌対策をして無菌状態でいられるかもしれませんが、海外にでも出たらそうはいかないでしょう。

先日NHKの教養番組を見ていたら、「日本人に杉などの花粉を原因とするアレルギー症状が起きた時期と回虫保有者がいなくなった時期とが一致している。東南アジアあたりの回虫の保有者はアレルギー環境に置かれてもまったくアレルギーが起きない」と言っていました。

これからの国際社会では日本だけが孤立して生きてゆくわけにはいきません。たくさんの食料が外国から輸入されれば、菌なども一緒に入ってきます。人間は適度に菌に接して初めて抵抗力を身につけることができるのにもかかわらず、無菌状態にするために一所懸命努力している日本人がたくさんいるのです。狂牛病だの肉骨粉だのと輸入食品の安全管理に気を遣うのとは違って、日本人の完璧主義も、こんなときには仇あだになるようです。

国際化への第一歩、それは完全無菌主義の考え方から離れることです。

話は変わりますが、「신토불이・シントブリ〔身土不二〕」という言葉があります。仏教から来た用語のようですが、自分の所で採れるものを食べることが一番健康によいという意味です。韓国ではよく知られている言葉で、農村ではずっと以前から農協のスローガンにもなっています。身体と環境は密接に関係しているという自然原理を守り健康を維持しようという考え方です。

　日本ではお腹をこわすと「梅干しがゆを食べろ」と言います。アメリカではこんなとき「ブラックコーヒーを飲め」と言うそうです。韓国では体調をくずして食欲がないと「辛いスープを飲め」と言っています。日本でお腹が痛いときに辛いスープを口にする人は1人もいないでしょう。それで私は日本人と韓国人では胃腸の出来が違うのかと思っていましたが、実は普段食べ慣れているものを食べろということであると気づきました。食物ひとつをとってみても人間が環境に合わせて自然に生きることはとても大切なことです。自然環境にあるよい菌も悪い菌もうまく取り入れて。

冷蔵庫と心の扉

　先ほどお話しした口下手な日本人学生の話ですが、彼は高麗大学の交換留学生としての課程を修了し、4月に日本で新学期が始まったときに、私のクラスのオリエンテーションに顔を出しました。そうしたら、別人のように口が達者になっていて驚きました。私もおしゃべりですが、私には相槌しか打たせてくれません。その彼が言うには、韓国人と話をしていると間が空く

のが悪いような気がして、話し続けなければと思っているうちに話し好きになったということでした。口下手な人たちは、韓国人とつき合うのが最高の訓練になると言っていました。

　彼からはまた、こんな話も聞きました。親しくなった韓国人が、ある夏の日に下宿に遊びに来たそうです。彼は、部屋に入るやいなや冷蔵庫の扉を開けたかと思うと、中に入っていたコーラを何の断りもなしにゴクゴク飲み始めたのだそうです。飲み終わってフーッとため息をついた友達の口からは何の言葉もない。こっちは、まだ韓国語で喧嘩ができるほど流暢ではないので、ただ呆気にとられているばかりだったそうです。しかし、何回かそういうことが続いたので、おとなしい彼もさすがに堪忍袋の緒が切れました。「ようし、仕返ししてやろう」と思い、機会を狙って彼の家に遊びに行くと、いきなり冷蔵庫をガバッと開けて、それほど飲みたいとも思わなかったジュースをグビグビと飲んだのだそうです。そうしたところ、その韓国人の友達は「そのジュース美味しいだろう。好きなのかい？　じゃあもう1本買って来てやる」と言って近くの店に走っていったそうです。この違いなのです。

　韓国人とつき合うと、いろいろなカルチャーショックにさいなまれると思います。私は朝日カルチャーセンターや早稲田大学などあちこちの教室で2000人近くの日本人に韓国語を教えてきましたが、「先生、もう韓国語はやめました」という言葉をよく聞きます。その理由を質してみると、韓国人とぶつかって、傷ついて

やめたくなったという人が大半です。しかし、それにめげずにもう一歩足を踏み出してみると、そこにはおおらかで温かい世界が待っていることが多いのです。ぶつからないで逃げてしまう人は、決してこの世界に入れないのです。私が日本の社会で衝突を避けて暮らしてきた人たちに最も勧めたいのは、韓国人と友達になることです。

確かに韓国は人と人とがぶつかり合う社会なので、韓国人とつき合っていると頭にくることも多ければ、面白くないこともたくさんあります。韓国語がある程度できるようになると相手の言うことがいちいちわかるので、余計気に障るということもあるでしょう。しかし、少なくとも相手が悪口ではなく本音を言っているのであれば、こちらも対等な立場に立って本音を言えばいいのです。遠慮のいらない相手に対して、遠慮をすることは、無意味である前に失礼です。

テレビの紀行番組で、アフリカなどのあまり近代化されていない、電気も水道もないようなところに日本の若者が行って、現地の人たちと一緒に生活をするというようなものがありますが、あれはとてもいいと思います。ああやって現地の人たちの中に飛び込んでいって、大雑把だという先入観を持って見ていた人たちの細やかな人情に触れたり、家族、友人の絆に接したりする経験が、特に日本の若者には非常に大事だと思います。こういう経験をしたら、日本人も世界に心を開いていけると思うのです。

日本人も韓国人も、それぞれに行き過ぎたところを

持っています。私は、両国の人たちが心を開いてつき合うことにより、それを中和させることができたらすばらしいと思います。そのためには「言葉」が大事になってきます。

韓国の喧嘩には仲裁が入る

韓国では、街中でよく喧嘩を見かけます。市場などでも商売人同士が互いに罵り合ったりしている場面によく出くわしますが、そのうち誰かが必ず仲裁に入ります。「まあまあ、やめておけよ」となだめられているうちに喧嘩の当人も落ち着きを取り戻し、一晩眠れば、昨日喧嘩をしたのが嘘のように、仲のよい商売仲間に戻ります。これは日本では考えられないことです。日本で喧嘩に割って入ると、その人がやられるのが落ちです。振り上げた拳が、挙げ句の果てに人の好い仲裁者に振り下ろされるのです。

先日、西日暮里の駅で階段を降りていたところ、電車を降りて駆け上がってきたサラリーマン風の若者が、私の前にいた男性の肩に触れました。私を間にして2人が怒鳴り声をあげたかと思ったら、激しい殴り合いが始まりました。そんなことでよせばいいのにと思いましたが、よほどストレスが溜まっていたのでしょう。ぶつかられたほうは、俺は左側通行を守っていたんだからお前が悪いんだと罵っています。さすがに日本人だと思いました。さて、これが韓国だったら、早速2人の間に割って入らないといけませんが、ここは日本。くわばら、くわばらと、その場を足早に立ち去ること

にしました。自分の意気地のなさに苦笑いしながら。

できないことまで約束する心理

日本人が人と約束をする場合、少なくとも70％くらいはできる可能性がなければイエスと言わないと思いますが、韓国人の中には、特に飲んだ席などでは、30％程度しかできる可能性のないことでも平気で「俺に任せてくれ」と言う人がいます。これは、韓国ではできそうもないことでも引き受けるのが善意や友情の証と考えられているからです。私も日本に来て長いので旧友からの頼まれごとを断ることもあるのですが、そうすると相手は「嘘でもいいから、頼まれてくれよ」と言います。難しい問題の解決を頼まれて、首を横に振るのは水臭く薄情だと思われるのです。しかし、飲んだ席での韓国人の約束を鵜呑みにして、ひどい目に遭った日本人の話は嫌というほど聞いています。よかれと思って発した一言が、友情にひびを入れることもある。これも文化のすれ違いの例でしょう。

NHKの取材陣が番組のロケで韓国へ行ったときのことです。予定に入れていなかったシーンがあり、どうしても小道具が必要になったのです。ロケの前日、通訳で案内役のパクさんに相談すると、「大丈夫です」と即座に請け合ってくれたので安心していたら、撮影に間に合わなかったといいます。「どうしてあんなに簡単にOKしたのかわからない」と、スタッフの1人が後で首をかしげていました。恐らくパクさんは、頼まれた小道具を手に入れるあてが多少はあったと思います。

ただ、日本人だったら確かめてからOKの返事をするところを、パクさんは困っている取材陣になんとか力になってあげたいという気持ちから「大丈夫」と言ったのではないかと思います。このような場合、「何とかしてみましょう」という強い気持ちが、韓国人だと「大丈夫」の言葉で出てくるのです。言ったことは絶対守らなければならない日本人の感覚のほうが厳しすぎるのではないでしょうか。

「ケジメ」の文化

「ケジメ」という日本語も韓国語に訳しにくい言葉です。「区分」「節度」の訳で間に合わせていますが、それでは「ケジメ」の持つ雰囲気は十分に伝わりません。万事に区切りをつけて改まることが韓国人は日本人ほど得意ではないからです(これについては改めて述べます)。

ケジメをいかに大切にしているかは、日本人の正月の過ごし方を見てもよくわかります。12月31日、除夜の鐘がゴーンと鳴ります。夜のしじまに広がる鐘の音にしばし耳を傾け、最後に108回目の鐘が鳴り終わると、ほとんどの人が「身の引き締まる思いがする」と言います。この言葉を聞くたびに、日本だなあと思います。大晦日の鐘の音を境に、すべてが「改まって」新たな門出が来る。この気持ちの切り替えの見事さは韓国にはありません。そのせいか、日本の正月には「初」という字が実に多く目につきます。「初詣」に始まり、「初夢」「初春」「初日の出」「初空」「初荷」「初仕事」「初

姿」「初買い」「初湯」などなど。

「初」に当たる韓国語に「첫・チョッ」という単語がありますが、「初物」の意味より「最初」の意味合いが強い言葉です。「첫사랑・チョッサラン」は最初の恋で「初恋」。「첫꿈・チョックム」は新年になって最初の夢で「初夢」。「첫눈・チョンヌーン」は最初に降る雪で「初雪」。ここまでは日本語の「初」に近いのですが、「첫페이지・チョッペイジ」は「最初のページ」、「첫딸・チョッタル」は「最初に生まれた娘」、「첫걸음・チョッコルム」は「初歩」のことを言います。自然界も人間界も、すべてがけじめをつけて新たな出発をする、というのは日本独自の文化だと思います。韓国でも除夜の鐘がつかれ、テレビで全国に放送されますし、初日の出を見に行く人たちもいますが、韓国人は「ああ、新年が来た」という感慨はあっても、乾杯をして祝えばそれでおしまいで、決して身が引き締まる思いにはなりません。日本のようにいちいち感動していたら、疲れてしまうのではないでしょうか。

　初詣の習慣はなくても、韓国人も新年を迎え祭祀を行ったり、あいさつを交わしたりして新しい気持ちにはなりますが、日本のようにケジメをつけて改まることはないようです。せいぜい禁煙、禁酒などの誓いをたてることぐらいはあっても。

韓国人と補身湯

　「보신탕・ポシンタン〔補身湯〕」という言葉をお聞きになったことがあるでしょうか。これは何を隠そう、犬

肉のスープのことです。犬の肉を食べるというと顔をしかめる日本人も多いと思いますが、韓国の人は特に夏場に補身湯を食べます。日本で土用の丑の日にウナギを食べるのと似ています。犬の肉は、朝鮮半島の北部でも貴重な動物性蛋白源とされており、中国東北部の朝鮮族の人たちは、これを牛肉よりも上等な肉と考えています。実際に、自転車の荷台につぶした犬を載せて運んでいるのを見たこともあります。

　ところで、韓国で肉というと、最も上等なのが牛肉、次が豚肉で、どちらもないときは鶏肉で間に合わせます。日本の場合、これらの肉以外には、たまに馬肉やイノシシ肉を食べる程度でしょうが、韓国では牛、豚、鶏の次に犬が来ます。

　ソウルのような大都会でも補身湯を出す店がたくさんありますが、これが欧米の人たちからよく槍玉にあげられます。「犬を食べるとはなんと野蛮な民族なんだ」と。1988年のソウルオリンピックのころ、韓国では欧米の人たちに後進国と見なされたくなくて気を遣っていた時期だったので、補身湯を出す食堂をすべて路地裏に追いやってしまいました。そんなこともあって、補身湯の店は今でも裏のほうで商売をしています。日本では、活魚料理を出す店に行くといけすの中を泳ぎ回っている魚の中から活きのよさそうなのを指さして料理してもらいますが、同じように、韓国にはいわば養犬場のようなところがあって、客が裏庭で飛び回っている犬の中から美味しそうなものを選び、つぶして料理してもらうわけです。夏バテに効果があ

り男性の精力食とされているので、これが大好物の人もたくさんいます。

　ソウルオリンピックのときに一斉に追放された補身湯ですが、今度は2002年のサッカーのワールドカップを前にして、国際サッカー連盟（FIFA）のブラッター会長が「大会の期間中だけでも犬の肉を売るのは控えてくれ」という声明を出しました。これが食文化論争のきっかけになったのです。世界中のマスコミがコメントをしましたが、イギリスの「フィナンシャルタイムズ」は、韓国での犬の屠殺現場と食事風景を掲載してこれを批判し、一方、ドイツの「アルゲマイナー」は「固有の食文化に干渉するのは文化帝国主義だ」と主張しました。もちろん韓国でも賛否両論があるのですが、目についたのは、「朝鮮日報」の私が好きな有名なコラムニスト李圭泰氏による次のような記事です。

「我々韓族の先祖が熊であり、ローマ民族の先祖が狼であるように、民族には生け贄を捧げる習慣（「수조・スジョ〔受胙〕」）がある。北東アジアに暮らしてきた19の種族の受胙は犬であった。狩猟生活において最もよく人間になついて尽くしてくれる犬は、大切な動物ではあったが、原始社会においては大切な動物であるが故にそれを生け贄として捧げた。遊牧民族は羊を生け贄にし、農耕民族は牛を生け贄にした。北東アジアの狩猟民は犬を生け贄として祭壇に捧げた。古代中国の周の時代から犬を捧げるという習わしは記録に残っている。『論語』にも書かれているし、『小学』という文献にも見られる。これが補身湯のルーツだ」（「朝鮮

日報」李圭泰コーナー、2001年11月19日)

「受胙」の「胙」という字には、分け合うという意味があります。欧米人が羊の肉を分け合って食べるのも、韓国人が犬を分け合って食べるのも、本質的には変わらないのではないかということです。

氏はさらに、国際イベントがあるたびに持ち出されるこの「補身湯」について、どこの国でも動物を食べているのだから、動物虐待という非難は当たらないし、私たちが自ら考えて処理すべき問題であり、外国からとやかく言われる筋合いのものではないと言い切っています。

鯨のことで日本が槍玉にあげられたときに、日本人は、これも１つの食文化だからとしか言いませんでした。そうではなく、李圭泰氏のように具体的な根拠を示して、我々はこのような文化的背景を持っているから鯨を食べるんだというふうに主張すれば、発言にも説得力が生まれると思います。

ある日本人がそば屋に行ってざるそばを頼んだのですが、彼は目の前にそばが出されるや、まずつけ汁をごくごくと飲み干し、次にそばをほおばって食べたそうです。周りの人から「何という食べ方をするのか」とつつかれたので「こういう食べ方をしちゃいけないと法律で決まっているのか」と言い返したそうです。食事のマナーはあくまでも守るべきですが、一緒に食べて迷惑をこうむるのなら別として、他人の食生活に口出しをすべきではないと思いますが。

いなくなった愛犬・パドゥギ

　ところで、外国人は韓国人の犬食文化に干渉するべきではないと述べた後で矛盾するようですが、私は個人的には犬を食べることに大反対です。どんなに立派な人でも、補身湯を食べる人は尊敬できません。実はこれにはわけがあるのです。

　中学校1年のころ、田舎の祖父母の家で犬を飼っていました。名前をパドゥギといって白黒のぶちの子犬でした。週末にその家に遊びに行くと、私を誰よりも歓迎してくれたのがこのパドゥギでした。土曜日に行って犬と戯れ、日曜日は一緒に野山を駆け回り、月曜日に帰ってくる。これが、そのころの私にとって最高の楽しみでした。

　ある夏の日のこと、その家に行ってみると、いるはずの犬がいないのです。みんなに「パドゥギはどうした」と聞くと、いなくなったとかなんとか口をにごすばかりです。私は何が起きたのかと思い、一所懸命に捜しましたが、どこにも見あたりません。ところが、韓国の伝統的な住まいに「마루・マル」という板の間があるのですが、その床下でパドゥギの首輪を見つけたのです。「さては」と思い、その首輪を持ってみんなに迫ったところ、「実は、犬に悪い病気が流行っていると村の人が言うもんで、罹らないうちに食べたんだ」と白状したのです。私はあきれて怒る気にもなりませんでした。

　当時私は真面目な生徒で、1日も学校を休んだことがなかったのですが、そのときばかりは悲しくて悲し

くて1週間学校を休んだことを覚えています。その首輪を一緒に遊んだ山に埋め、花束を持っていって心を込めて供養しました。日本には「後追い心中」という言葉がありますが、私も命を絶とうかと思ったほど悲しい事件でした。気を取り直した私は、いったい誰が食べたのかを突き止めなければという思いに駆られ、家族をかたっぱしから詰問しました。すると、おばさんとお手伝いさんが「李さんの所の誰々と、朴さんの所の誰々とが食べた」と教えてくれました。すでにキレていた私は、名前が挙がった家を端から順に訪ね、儒教の礼儀に反して、大の大人に向かって悪態をつきまくったことを覚えています。

　それから数年たって、朝鮮戦争が起きました。戦乱で食べ物がなくなり、人々は本当に飢えていました。カボチャやドングリの粉で作った「묵・ムク」という寒天のような食べ物でやっと食いつないでいたときに、私が田舎の祖父母にタバコやチョコレートなどをお土産に持って行ったことがありました。タバコは当時とても貴重で、田舎ではトウモロコシのヒゲを干してタバコ代わりにしていたほどだったので、祖父母はとても喜んでくれ、自分たちだけで吸わないで、これは李さんの家に、これは朴さんの家に持っていってあげなさいと、タバコを分けました。韓国人は過去のことをすぐに忘れてしまい、日本人ほど根に持たないのですが、私は犬を食べるような家には死んでも行くものかと思い、ついにタバコを持っていくことはありませんでした。

今でも韓国に帰って旧友に会うと、夏場は必ず補身湯屋に連れて行かれますが、私は決して店の門をくぐることはありません。こんなに旨いものをどうして食べないんだ、と変人扱いされますが、少年時代の思い出は決して消えることはないのです。

猫の文化・犬の文化

　日本では、猫については非常に多くの詳しい書物がありますが、犬について書かれたものはあまり多くないような気がします。以前、私の教室で犬の好きな人と猫の好きな人の割合を挙手によって調べてみたことがありますが、確かに日本では犬よりも猫のほうが人気があるようです。猫は日本人の性格に合うのかもしれません。韓国の人たちは逆に犬が好きです。

　猫と犬との大きな違いは、猫は普段はとてもおとなしくしていますが、ネズミの１匹でも前を横切ると、豹変して爪を立て、猛獣と化します。このときの怖さといったらありません。私は、これは日本文化の特徴ではないかと思っています。日本人は猫に似て、みんな優しそうな顔をしているのに、いったん怒ったら刃傷沙汰にまでなったりします。一方、犬は行動で喜びや悲しみ、恐れを表現します。犬というのは、猫よりずっとわかりやすいのです。嬉しいときには尻尾を振って喜びますが、警戒すると大声で相手を威嚇します。

　韓国語に「반갑다・パンガプタ」という、日本語に訳しにくい言葉があります。これは出会いの嬉しさを表現する言葉なのですが、犬が出先から帰ってきた主

人を見て尻尾を振って喜ぶのが、まさにこの「반갑다・パンガプタ」です。韓国人は1年中「반갑다・パンガプタ」「반갑다・パンガプタ」と言って、喜びを表現しています。これはまさに犬の文化だと思います。

「ハン〔恨〕」とは運命への嘆き

　日本語で「うらみ」と言うと「恨」「怨」の2字が思い浮かびます。前者は言ってみれば自らを「うらむ」ことで、後者は相手を「うらむ」ことです。韓国で言う「恨・ハン」は自らを「うらむ」ことであり、踏み込んで言えば自らの置かれた運命を嘆くことです。そして、この運命に対する嘆きを発散しながら生きているのが韓国人なのです。大きな声を出し、罵り、喧嘩をすることにより、「ハン」のストレスを発散しているのです。日本人が怨みを晴らすことは復讐になり、血で血を洗うことになりますが、韓国人の恨みは「ハン」を発散させ解きほぐすほど晴れるのです。チョー・ヨンピルが歌って有名になった「한오백년・ハンオーベンニョン〔恨五百年〕」という歌がありますが、日本では「恨みの五百年」と訳されました。これも、人を500年間「うらみ」続けたということではなくて、私は朝鮮王朝時代という嘆きを晴らすことのできない閉鎖的封建社会が500年続いたという意味に解釈しています。日本では、韓国人は植民地支配とその後の差別を根に持って、日本人を怨んでいるのだろうと思われているようです。そのような怨みがないわけではありませんが、韓国人の「恨・ハン」は決してそのような他者に対する

ものではないのです。

　1919年に、当時日本の植民地となっていた朝鮮で「万歳運動」と呼ばれる独立運動が起きました。三・一運動とも呼ばれているこの抗日闘争は日本政府を刺激し、多くの朝鮮人が処罰・虐殺されましたが、最近明らかになったところでは、実際このときに日本の派出所1つ襲撃されなかったし、日本人が朝鮮人に暴行を受けた記録さえ1つもないということです。この独立運動で朝鮮人は、決して日本人を攻撃しようとしたのではなく、「ハン」を発散しようとしただけなのです。そこで、これを逆手にとって、朝鮮人は日本に対して反撃の手さえ挙げられなかったのだから、植民地からの独立を叫ぶ資格さえなかったのだと言う日本人もいるくらいです。

　NHKの大河ドラマ「北条時宗」を見た方はおわかりかと思いますが、このドラマで私が感じたことは、1つは日本人が昔からいかに会議好きだったかということ、そしてもう1つは敵討ち、怨念の世界の存在です。鎌倉時代、あるいはそれ以前からの、やられたらやり返すという文化の中で育ってきた日本人は、朝鮮を植民地支配したことに対する復讐が必ずあるだろうという恐怖心を持っていたのだと思います。朝鮮人の中にも、もちろん日本への復讐を誓った人たちはいたと思いますが、日本人が思っているほどではなかったに違いありません。ひどい目に遭った人を思い、気を遣うのは必要なことですが、国際社会で相手を理解するには、日本人の尺度にとらわれていてはいけないのです。

❺ 日本文化も奥が深い

私の目に映った半世紀前の日本

　私は日本に来て50年近くになりますが、最近、来日当初の日記帳を紐解いてみたところ、日本の姿が当時の私の目に映ったままに記録されていました。たとえば、自転車に乗っている女性の姿が珍しいと書いてあります。当時の韓国ではありえないことでした。次に、街中にやたらと広告が多いこと。当時の韓国は朝鮮戦争で破壊された直後で、経済的にも豊かではなかったので、広告などありませんでした。また、銭湯に行ったとき、周りの日本人が湯船からあがり浴室から出るときにもう一度お湯を足元にかけているのを見て、日本人はずいぶん潔癖性だと驚きました。

　魚の食べ方も韓国とはずいぶん違っていて、びっくりしました。日本人はお箸で魚を突つきながら、左手をうまく添えて、猫が食べたように骨しか残さずに食べます。最初にこれを見たときは、さすが魚文化の国だなあと感心したのを覚えています。韓国では食事をするときは基本的に右手しか使いません。魚も右手だけで食べるので、そんなにきれいには食べられません。食事のときに左手を添えることはあっても、左手で茶碗を持ち上げたりはしないのです。

　ところで日本人は定食を食べるとき、ご飯とおかず

の量や品数にかかわらず、ご飯を半分食べたときにおかずも半分食べ終わり、ちょうどおかずがなくなったときにご飯もなくなります。私は、これを見るたびに本当に感心します。日本の定食屋は基本的にお替わりができないから、そうなるのでしょうか。韓国では、どんどん食べて、おかずがなくなっても頼めば追加をしてくれます。それで無計画な食べ方をするのではないかと思います。与えられたものが多ければ多いだけ、少なければ少ないなりによく考えて、無駄のない食べ方をするこの日本の食生活というのは、本当に見習うべき点だと思います。今は昔に比べて飽食の時代で、食べ物を残す人も増えていますが、今でもご飯粒1つ残さない人たちがたくさんいるということは、すばらしいことです。

もてなされる負担

　日本の川柳や俳句は、短い字数の中にいろいろな気持ちや情景が込められており、私も大好きです。私が日本人の性格を最もよく表していると思う川柳のひとつが「もてなしのうちわの風に落ち着かず」というものです（作者不詳）。これは、いろいろ考えさせられる面白い川柳ですが、この意味がわかるようになるまでずいぶん時間がかかりました。

　まだエアコンなどのなかったころ、夏の暑い日に、お茶のもてなしをしてくれた主人が、お暑いでしょうと傍らに正座をしてうちわで扇いでくれる。しかし、どこか居心地が悪い。それでも、せっかくの親切をむげ

に断ることができず、うちわの風をじっと受けている。韓国人だったら「いやいや、結構ですよ」とすぐに断るところを、日本人は相手の気持ちを慮るために、それができないのです。うちわの風が微妙に揺らぐと、こちらの気持ちが主人に伝わってしまったかと思ってますます落ち着かない。深みのある川柳です。

　私はうちわでもてなされたことはありませんが、この作者の落ち着かない気持ちと似たような経験をしたことがあります。電車で座っていたときに、目の前に年輩の女性が立ったので、立ち上がって「どうぞ」と席を譲りました。相手は「いえいえ」と言って断りましたが、私は一度立ち上がった手前、「いやあ、何をおっしゃるんですか」と言って無理矢理座らせました。私はその人の前に立っていたので、しばらくして電車が動き出した後も、何度も目が合うわけです。目が合うとその人は頭を下げ、私も頭を下げるのですが、2回、3回と繰り返していると、どうもこの女性に、先ほどの川柳にあったようにうちわで風を送っているような気分になってきたのです。「あ、これがあのうちわの風だ」。私とその女性との間で気持ちのやりとりがあるので、その間の空気までが揺れているような感じがするのです。それが相手にも伝わって、互いに落ち着かないのです。結局、私はその女性の視線を避け、ドアのほうに移って、一息つきました。よく若い人が年輩の人に席を譲らないということが話題に上りますが、こんな経験をしてみると、譲らないのではなくて、譲りたくてもその後にくる相手との気持ちのやりとりが負

担になって、なかなか勇気が出ないのではないかと思えるのです。

会社に公衆電話があるわけ

日本は「公」をとても大事にしていて、「私」というものを押さえつけて生活しています。今のように携帯電話が普及する前には、ちょっと大きな会社には公衆電話がありました。

私が勤務していたNHKでは、一般的には国際電話をかけるためにわざわざKDDに出向いていた時代であったにもかかわらず、自分のデスクの電話から世界のどこにでも電話をかけることができました。ところが、同じ東京の空の下にある自分の家に電話をかけるときには、のそのそと廊下の隅にある公衆電話のところまで行って、財布から小銭を出して電話をしなければいけません。たった2分か3分の私用電話のために、日本の大部分の企業が公衆電話を設置して、社員みんなが公私の区別をしているということを知ったとき、「この国はすごい国だ」と思いました。

以前、私が韓国に行ったとき、一緒にいた友達に「電話をしたい」と言ったら、彼は「じゃあ俺の会社に行こう」と言い出し、わざわざ彼の事務室まで行って私用電話をかけさせてもらったことがあります。彼曰く、「公衆電話も会社の電話も同じさ。俺はここの社員だから、俺が使う分には問題ないさ」。電話1つとっても、日本と韓国とでこんなに違うのです。

皆さんもそうだと思いますが、日本人が社用の名刺

に自宅の電話番号や住所を載せるということは、よっぽどのことだと思います。これも、会社で仕事をする時間と自宅でくつろぐ時間とを区別するためなんですね。韓国人が、名刺に自宅の電話番号はおろか、趣味や血液型まで載せているのとは好対照です。

日本の新聞の投書でこんな話を読んだことがあります。

「私の職場と保育所が近くて困ったことが1つある。仕事で保育所の前を通ったときに、庭で遊んでいる娘と目が合ってしまった。『お父さん！』と駆けてくる娘の顔を見ると、抱き上げてやりたくなる。しかし私は仕事中だ。上司に見られると困る。抱き上げてやるわけにはいかない」

おそらく多くの日本人が、このように公私を区別して暮らしているのだと思います。このようにまじめな人たちが多いからこそ、日本では「公私混同」という言葉がよく使われ、新聞に載るような事件も起きるのでしょう。韓国で公私混同が今までほとんど問題にならなかったのは、最初から公私の区別があまりされていなかったからではないかと思います。韓国で公私の区別が重要視されるようになったのは、ごく最近のことです。

自分のもの・人のもの

日本人が韓国で日本語会話教本などを作ると、まず最初にあいさつ表現を載せますが、その次によく扱われるのが「これは私のものです」「これはあなたのもの

です」という所有に関する表現です。

　私が教えている語学講座でも、ある初級の受講者からメモを渡され、韓国語に訳してほしいと頼まれたことがあります。そのメモを見ると「これは私のものです」「これはあなたにさしあげます」「これは会社のものなので、さしあげられません」「これは必ず返してください」と書いてあります。わけを尋ねると、実は彼はセールスマンで韓国によく渡っているのですが、商談の席でカタログを取り出したが最後、みんな持って行かれてしまうと言うのです。韓国では、目の前のテーブルに置いたものはみんなが共有するものだという意識があって、たとえばライターでもいったんテーブルの上に置いたら、友達が気に入って持って行ってしまうかもしれないのです。気の置けない間柄なら、なおさら、それを止めるのもはばかられる雰囲気があります。

　自分の持ちものには運動靴にも名前を書いておく。これは韓国でも同じですが、自分の所有物はあくまで自分のもので他人のものは他人のものと意識的に厳格に区別する点は日本ははっきりしています。電車に乗り込む仲間同士が同じ新聞をそれぞれ買って読んだり、友達同士でそれぞれ同じCDを買って楽しんだりすることは日本人には当たり前のことでも、韓国人にはちょっと考えにくいことです。他人のものには手をつけない。借りたものは必ず返す。この基本的な考え方は、韓国人の場合、肉親や親しい「친구・チング」（友人）の間では日本人の場合とは違うようです。所有に

関する考え方が大まかなのです。

　ある日、横須賀線に乗ったときのことです。書類が入った重いカバンを網棚に載せて座っていると、電車が川崎駅に着きました。長い停車時間の後にチャイムが鳴り、電車がいよいよ発車するという刹那、横に座っていた男が私を押しのけるようにして立ち上がると網棚から荷物を取り、大慌てで電車を降りて行きました。私のものとそっくりのカバンを手にしていたので、「おや」と思って網棚を見ると、私のカバンがありません。飛び降りて追いかけましたが、もう後の祭りです。そのカバンは知り合いから何かの記念に貰ったもので、中には国際電話のかけられる携帯電話も入っていたので、それはそれは悔しい思いをしながら鉄道公安室を訪れました。事情を聞くと、公安官は冷静な表情で「網棚にものを置くということは所有権の放棄と見なされるのですよ」と言うではありませんか。以来、私はどんなに重いカバンでも網棚に載せることはなく、所有権を守っています。

守るための枠と超えるための枠

　日本人は協調心・団結力が強いと言われます。幼いころから仲良くすることを教えられ、通信簿でも同級生との協調性が重要視されてきた国です。日本人は独特の求心力を持っていて、何かあるとすぐに団結します。そして、枠を作り、その枠から外れないようにします。日本では、枠は守るためにあるのです。日本人がなかなかのんびりできないのも、この守らなければ

いけない枠のせいだと思います。逆に、韓国人は遠心力で生活しているように見えます。韓国人にとって、枠が何のためにあるかというと、はみ出すためにあるのであり、それは1つのボーダーラインに過ぎないのです。

　ところが、何かにつけて団体行動をとりたがる日本人が、その一方で1人になりたがるのも興味深いことです。韓国からの研修生がお昼にNHKの食堂に行ってびっくりするのは、ほとんどの職員が1人で食事をしているということです。まずショーケースの前に立ってじっと品定めをします。隣に知り合いがいるのに気がつくと軽く会釈をしますが、すぐに食券の自動販売機に並んでチケットを買います。それからお盆を持って並び、黙ってご飯やおかずをもらうと、お盆の上に載っているものを落としたりこぼしたりしないようにじっと見つめながら、空いている席を探してテーブルに置きます。あとはひたすらお盆の上を見ながら、黙って食べ続け、食後のお茶を飲み終わったら、フッとため息をついて食器を返してから自分の職場に戻る、という具合です。自分の職場では常に周りに気を遣っているのだから、食事の時間ぐらい1人にしてくれということなのでしょう。これは韓国では考えられないことです。韓国人は仕事をするときは黙っていることがあっても、せめて食事をするときぐらいはおしゃべりをして意見を言い合い、友情を確かめ合うのですから、彼らにとって貴重なこのコミュニケーションの時間に独りぼっちになりたがる日本人の心理が読めません。

善意のかたち

　東京の朝日カルチャーセンターの講座を終えて夜9時ごろ外に出ると、あちこちのビルから人がゾロゾロ出てきて、足早に新宿駅のほうに向かいます。ある日、韓国人留学生と一緒にここを歩いていると、若いサラリーマンが倒れていました。見ていると、話しながら歩いてきた人たちはみんな倒れている人を避けて通り過ぎて行きます。中には、うまく避けきれずに上をまたいで行く人もいます。私もこの人を避けて行こうとすると、留学生の彼女に引き止められました。「人が倒れているのに、みんな避けて通るなんて」と怒っています。彼女が「救急車を呼ばなければ」と言いながら倒れている人を揺り起こそうとするので、窃盗と間違えられるから触るなと言って止めました。結局、交番に通報し、警官が出て行くのを見届けてから駅に向かったのですが、韓国人にはまだこういう温かさが残っているのだなあと感慨深いものがありました。

　日本人の名誉のために、つけ加えておきたいと思います。日本では今から30年前に献血者が7万人いましたが、当時は売血でした。ところが、無償で献血が行われている2000年4月から2001年3月までの統計によると、献血者の数は582万人にものぼっています。この数は実際に採血をした人数であり、献血に訪れたものの検査で不合格となった人の数も含めると、その倍の1000万人にもなるというのです。

　また、1951年に始まった共同募金会運営のNHK歳末助け合いや1983年に始まった日本赤十字社運営のNHK

海外助け合いには、毎年一定の額が集まります。その額は、2000年度で、歳末助け合いが8億8897万円、海外助け合いが6億3600万円にもなります。これだけのお金が景気の善し悪しにかかわらず集まるということは、定期的にお金を貯めて募金する人がいるということです。日本人の温かさは、このようにあまり目につかないところで、かたちとなっているのです。

大事なものは郵便で

日本は、食堂の椅子の背もたれに上着を掛けておいても大丈夫な国だと言われています。しかし、外国に行ったときは、これはちょっと危険です。

また、日本では傘立てが店の前に置いてあります。自分の傘をうっかり取り間違えることはあっても、盗まれることはまずありません。和風の居酒屋で靴を下駄箱に置いても、酔客に履き間違えられなければ、置いた場所にそのままになっています。

何か大事なものを遠くに送るとき、皆さんは郵便や宅配便をお使いになるでしょう。それは、皆さんが公務員や宅配業者を信頼しているからなのですが、これも世界の標準ではありません。

私が日本に初めて来たころ、お世話になっていた大家さんが、これは大事なものだから郵便で送らねばと言っているのを聞いて面白いなと思いました。そのころの韓国では、大事なものは人に頼むのが普通だったからです。

韓国語では郵便は「우편・ウピョン〔郵便〕」、航空

便は「항공편・ハンゴンピョン〔航空便〕」、船便は「배편・ペピョン〔ペ便〕」と言いますが、そのほかに「인편・インピョン」という言葉もあります。これは〔人便〕、つまり「人づて」ということです。そのころ、韓国では大事なものは「人便」で送るものでした。今でもそんな習慣が残っていて、私の働いていたNHKでも、アルバイトの留学生が「キム先生、来週韓国に帰ることになりましたが、何か持っていくものがありますか」と尋ねます。韓国では「人便」を頼まれることは嬉しいことなのです。なぜならば、「人便」を頼まれるということは、相手から信じられていることの証ですから。皆さんの中にも韓国旅行の際に、韓国人の友人から「人便」を頼まれた方がいらっしゃるかもしれませんね。日本人は、人にものを頼むのは苦手だし、頼まれるのも嫌いかもしれませんが、韓国人からの「人便」の依頼はむげに断らないほうがいいでしょう。

　プライベートな話になりますが、30年ほど前、韓国にいる私の妹に子供が生まれました。そのころ、韓国では粉ミルクにメリケン粉を混ぜるという事件がありました。妹からさっそく電話が入り、そんなものは可愛い子に飲ませられないから、日本からよい粉ミルクを送ってくれと頼まれました。二つ返事で引き受けましたが、これが間違いでした。日本の粉ミルクに味をしめた妹は（実際に味をしめたのは甥っ子ですが）、また同じものを送ってくれと言うのです。こうなると、甥っ子が育つまで送り続けなければいけません。

　私はこうして毎週粉ミルクを送り続けたのですが、

ある日妹から手紙が来ました。封を開けると「兄さん、最近ミルクを送ってくれないようですが」と書いてあります。私は毎週甥っ子のために粉ミルクを送り続けていたので、「冗談じゃない」と新宿郵便局に談判に行きました。そうしたところ、送り先が韓国だと知った窓口の係員が自信たっぷりに言い切るのです。「これは日本の問題ではありません。韓国の局に問い合わせてください」。公務員がここまで言い切れるのが私には驚きでした。本当に間違いがないのかと半分は腹を立てながらも、その剣幕に押されて何も言えないまま、妹に電話をしました。

今度は、妹がソウルの郵便局に抗議に行くと、窓口の職員から、高値で売るために個人輸入しているのではないかと、逆に疑われる始末です。そこで、自分は学校の教師で、兄は日本の放送局に勤めていると詰め寄ったところ、急に相手の態度が変わったと言います。韓国では当時、諜報部員や警察官などの公務員と、放送局員などのマスコミ関係者が最も恐れられていたので、この一言が功を奏したのでしょう。担当者が奥の部屋に来てくれと言うのでついて行くと、平身低頭しながら「実はうちにも幼子がいるんですが、女房のおっぱいの出がよくないので、あの粉ミルクを飲ませました」と言ったというのです。そこまで白状するものかとも思いますが、結局お金で弁償することになったそうです。ところが、その担当者が最後に言ったことがふるっています。「あのー、お兄さんに頼んで、わたしにも粉ミルクを送ってもらえませんか」。どうして韓国

の公務員は、日本の公務員のように胸を張って間違いはないと言い切れるような仕事をしないのかと、本当に腹が立ちました。

日本である知り合いの国立大学の教授が寝台列車で帰省旅行をしていたとき、車内で盗難事件が起きたといいます。朝方、鉄道公安官が乗り込んできて、身元の確認が始まりました。この教授は、ふと職場の大学に旅行届けを出していなかったことを思い出して、大慌てで駅から家に電話をして、奥さんに朝一番で旅行届けを出すように頼んだといいます。その話を聞いた私は、日本の公務員は個人的な旅行をするにも許可をとらなければいけないということを初めて知って驚き、放送で日本人の几帳面さを訴えたものです。

しかし、最近の日本は少し心配です。警察官をはじめとした公務員の不祥事が相次ぎ、医者や教師までもが信頼を失っています。これでは、今まで韓国人に向かって、日本ほど公務員が社会から信頼されている国はないと、そのすばらしさを繰り返し訴え続けてきた私の面目も丸つぶれです。

NHKのニュースの信憑性やJALの安全神話を信じている人はまだまだ多く見受けられます。公務員、公共機関の信頼が地に落ちないうちに、以前の日本に立ち返ってほしいと切に願っています。

誉め言葉は日本のつき合いの基本

日本人は誉められたら必ず「いいえ」とそれを否定します。たとえば新築祝いで「いいお家ですね」と誉

められても、「そうでしょう」と言ってはいけません。とりあえず「いいえ、狭くて」などと答えます。すると相手はさらに誉めてきます。「でも駅からとても近いじゃないですか」。すると、仕方なしに「まあ、それもそうですけど」と渋々うなずく。これが日本語の会話です。

　ところが韓国では、「いいお家ですね」と言ったら、「そうでしょう、この家を建てるのにどのぐらいかかったと思いますか」と調子に乗ってきます。日本では、誉める人も誉められる人もどこか白々しいのですが、韓国では、本当によいと思わなければ誉めませんから、本音が行き交います。

　私は、誉め言葉は、日本でのつき合いの基本表現だと思います。日本人が人づき合いで相手を誉めないことはまれです。たとえば、お年寄に「いつもお元気ですねえ」とあいさつするのも一種の誉め言葉です。日本人は、よっぽど親しい間柄でない限り、開口一番「どうしたの、その顔」などとは言いません。ところが、韓国語には、「お元気ですね」というあいさつ以外に「어디가 아파요?・オディガ　アパヨ」（どこか悪いんですか）というあいさつもあるのです。

　また、「ちっともお変わりありませんねえ」という表現があります。これは、実際にはずいぶん老けたなあなどと思いながらも、そういうふうに言うことになっています。それに対して、韓国語では「몰라보겠어요・モルラボゲッソヨ」（見違えてしまいますよ）という表現があります。「見違えるほど太った」「見違えるほど

やせた」ということをストレートに表現するのです。日本人だったら、親しい人から言われてもかなり気になる言葉でしょう。

「きれいですね」という誉め言葉は、女性だったら半分お世辞だと思っても嬉しいものでしょう。若い女性同士で、お互いの髪型や口紅の色などを「きれいねえ」と誉め合っている場面をよく目にします。ところが韓国人は、「헤어스타일이 이상해요・ヘオスタイリ　イサンヘヨ」(変なヘアスタイル♪)などということを気軽に口にします。韓国では、誉めるだけではなく、おかしいときにはおかしいと言うのが友達というものです。

「貫禄がつきましたね」という日本語は、裏の意味は「太りましたね」ということです。でも、口にするときは誉め言葉を発し、決して直接的に「太りましたね」とは言わないわけです。こういう習慣のある日本人は、誉められても素直に受け取らないで、裏を考えるようになります。自分が映った写真を「よく撮れてますね」と誉められると、「どこがおかしいんだろう」と疑ってかかるのです。

　このように本音をぶつけないで、誉め合っている人たちは、いつか誉め合うことに疲れてきます。親しい人と一緒にいても、そのうちに誉める言葉がなくなると、そろそろ１人になりたいなどと思い始めます。一方、韓国の人たちは、聞きたいことがたくさんあれば、どこまでも相手につき合います（韓国人は知り合いに出会ったらなかなか離れたがりません。親しい友人な

ら床屋へ行くにも一緒について行こうとするほどです)。言葉に遠慮のないほうが、深く長いつき合いができると思うのですが。

　日本人はレストランでまずいものを食べさせられたときに、「まずい」とは一言も言いませんが、二度とそこには食べに行きません。

　また目の前で作ってくれた料理に対して、まず100パーセントけなすようなことは言わず、「おいしいですね」と言います。夫婦の間でも、味噌汁がまずいと言ったら、奥さんが二度と味噌汁を作ってくれなかったという話を聞いたことがあります。日本では、けなされると二度としたくなくなるんですね。

　日本のテレビの料理番組では、作った料理を、アナウンサーとか周りの人々を呼んで食べさせると、みんなが「おいしい」と言いますね。けなす人なんて1人もいません。ところが韓国の料理番組を見ていると、試食していた歌手が「맛이 좀 싱거워요・マシ　チョム　シンゴウォヨ」(味が少し薄いです)とか「これは温かいうちは美味しいけど、冷めたらまずいですね」とか「私の口にはちょっとしょっぱいですね」などと平気で言っています。これは日本では考えられないことです。

　テレビの司会者も、日本とは一味も二味も違います。私と同年輩のある著名な司会者はずけずけものを言うことで有名なのですが、彼の仕切る番組にアメリカで活躍している有名なファッションモデルをゲストに呼んだときのことです。番組が始まり、拍手喝采の中を彼女が登場しました。すると、司会者が出し抜けに「い

やあ、モデルだしスタイルがいいことは承知していました。しかし、顔がいまいちだと周りの人から聞いていましたが、思ったよりひどいですねえ」と言い放つではないですか。すると、彼女も韓国人なので、負けずに「いやあ、この番組の司会者は結構年寄りだと聞いていましたが、ずいぶん老けてますねえ」とやり返しました。これは事前に口裏を合わせたわけではなく、アドリブで言い合っているようでした。日本だったらありえない話です。日本人だったら黙り込んで、今に見ていろと思うのではないでしょうか。韓国人は、人とぶつかったらそれなりの対応をすればいいと考えるし、相手が怒ってもあまり気にとめません。

　いつも誉め合って生活する人たちは、ぶつかることを避けます。ぶつかることを避けたいがために、誉め合うという一面もあるようです。そして、一度でも不愉快なことを言われると、その場では怒りもせずに何も言わないでじっとこらえて、根に持つ。日本人にはこういう人が多いようです。

　日本人が国際社会で生きていくためには、こういう内向的な面を克服しなければならないと言われています。そのためには、人とぶつかりながら、経験を積み重ねていく必要があります。簡単な方法があります。言葉を学んで韓国人の「チング」(友人)を作ることです。韓国人とつき合うことにより、開放的な人づき合いができるようになるのではないでしょうか。

2つの面を持つ日本人

　日本のお祭り風景などを見ていると、日本人はなんと明るい民族だろうと思いますが、普段の日本人は哲学者のような深刻な顔がよく似合います。怒りを表に出さないくせに、いったん怒ると、手がつけられなくなります。そのくせ、あまり笑わない人でも、誉められるととても照れるのです。

　お菓子の包装などを見ると、そこにも日本人の特徴が端的に読み取れます。しっかりと包装された箱を開けると、美しい刺繍をデザインした巾着が枠組の中にかわいらしく並んでいます。巾着の紐を解くと、中にはまた厚手の和紙に包まれたものが入っています。裏返してシールをはがし、和紙を開くと、今度は薄手の和紙に包まれたものが出てきます。やっとの思いでたどり着いたお菓子はほんの親指の先ほどの大きさです。日本人にはこの美学がわかるので、そのお菓子を見たときに、なんと可愛いお菓子だろうと思い、ゆっくりと味わって食べるのでしょうが、この感覚は韓国人にはなかなか理解しがたいものです。

　飛驒の高山にある懐石料理の店に案内されたときのことです。天皇陛下が皇太子のころに訪れたことがあるという由緒正しい店で、私は日本に来て初めて本格的な懐石料理というものを味わうことになりました。もてなし方からして違います。ふすまが静かに開いたかと思うと、立派な帯を締めた美しい女性が現れ、深くお辞儀をして名前を名乗ります。扇子を取り出すので自分で扇いで涼を取れということかと思ったら、な

んとそれがメニューになっています。同席した知人に勧められたコースは三十数種類もの料理が出るというので、「いや、そんなに食べられませんよ」と遠慮すると、「まあまあ、黙って召し上がってくださいよ」と諭されます。いよいよ最初の料理が出てきたのでさっそく箸を手にすると、「慌てないでまず料理の説明を聞きなさい」と止められます。立派な皿にこれっぽっちの料理しか載っていないのに、その能書きの長いこと。しかも、なるほどと頷きながら聞かなければいけません。そして、約２時間をかけて、ゆっくりといただくのです。普段は駅のスタンドでそばをかき込んでいる日本人にも優雅な食文化がある、その真髄を身をもって経験できたありがたい出来事でしたが、家に帰って日記に書きました。「二度と食べるものではない」。

　以前「わび・さび」についての話を聞いたことがありますが、満足しきらない、少し足りないところで止めておくのが日本文化の特徴だということでした。身近な例では「腹八分目」とか、韓国語に訳しにくい言葉に「ほどほど」「そこそこ」「まあまあ」などがありますが、ここに日本文化の余裕を感じます。ところが、俳諧の世界などでは、言葉をとことん選び込み、それ以外の言葉には決して置き換えられないところまで表現を追究します。職人の世界もまたしかり。徹底的に追究する心と、遊びを残す心の両方を日本人は兼ね備えているようです。

自分は自分、人は人

　先に公私の区別の話をしましたが、たとえば日本人は電車の中で勝手に窓を開けたりしません。電車の中は公の場所だから、個人の勝手で開け閉めをしてはいけないということがしっかり守られています。韓国人の中には、バスであろうが地下鉄であろうが、隣の人に声をかけることもなく、窓を勝手に開け閉めする人がいます。

　それから、日本人は、仕事においてもプライベートにおいても、人のことに余計な口出しをしません。干渉しないと、まず仕事がスムーズに進みます。

　NHKの国際局では、ディレクターは普通週に１本の番組を担当して制作にあたっていますが、ときには前の週に扱ったような話題を翌週の別の番組で使うことがあります。そこで前週の放送内容を確認するわけですが、デスクを並べている人に確かめれば済むものを、書類をひっくり返して自分で調べようとする人が少なくありません。相手に教えを請うことは自分の弱みになると思っているのか、人には聞かないで、自分で何とかしようとするのです。

　あるときＡディレクターの番組の翻訳をした後でＢディレクターの番組の原稿を見ると、同じ話題を扱っているにもかかわらず、別の情報源を使っているのに気がつきました。ＢディレクターはＡディレクターに聞かないで、自分で最初から調べたわけです。

　日本人はいい情報を持っていても、それを分かち合おうとしないで、本来なら共有したほうがいいような

知識などを個々人で抱え込んでしまう傾向があるようです。これに比べると、韓国人は私も含めて、何かあるとすぐに人に聞きたがります。そしてすぐに話したがります。親しみを示す基本はこれだといわんばかりに。

かつて私は「トーブンカン」という言葉を正しいと思ってしばらく使っていたことがあります。「それはトーブンカン忘れませんよ」とか、「トーブンカンそういう予定はありません」という具合にです。韓国語では「当分の間」というのを、「당분간・タンブンガン〔当分間〕」と言うのです。この漢字の日本語の音読みがそのまま通じると思い込んでいたわけです。ところが、教室などで受講者が間違いに気づいても、失礼になるからと、誰もきちんと指摘してくれないのです。私としては失礼でも何でも一言教えてほしかったのですが、これが日本流の気の遣い方というものなのでしょう。私には、これがちょっと物足りないのです。こういう度が過ぎる遠慮というのは、やめたほうがいいのではないかと思います。

もし日本人が韓国人に「私の韓国語がおかしかったら教えて」と言ったりしたら最後、いちいち直されて、きっとそれ以上話をする気にはならなくなるでしょう。

日本人は「トク〔毒〕ハダ」

ところで、日本人はいつも何かの不安を心に抱き、ま015いつも誰かがその不安を煽っているように思えます。2001年にはイチローのメジャーリーグでの大活躍や、

野依良治教授のノーベル化学賞受賞、そして皇太子妃のご出産など明るい話題もありましたが、テロによるニューヨークの世界貿易センタービルの倒壊と、それに続くアメリカのアフガニスタン攻撃という異常事態が日本社会にも暗い影を落としました。これは近来まれにみる大事件であり、社会不安が広がるのも当然ですが、振り返ってみるとバブル経済真っ盛りのころにも、いつか不況がやってくると不安を駆り立てる論調がありました。

「勝って兜の緒を締めよ」のことわざどおり、日本人は安心することがなく、常に心を引き締めていないと気が済まない気持ちが、心の奥深くにあるようです。評論やニュースレポートでも、不安を煽る言葉で締めくくらないと、日本ではどうも間の抜けた文章になってしまいます。アフガニスタン攻撃によりタリバンが降伏したとのニュース報道でも、締めくくりは「今後のアフガン情勢に大きな不安を残すこととなりました」となります。楽観的な結論を持ち出すレポーターは何もわかっていないお調子者だと受け止められかねません。このような考え方は自然に人々の気持ちをある方向へ追い込みます。

　日本は自然災害の多い国です。地震も多いし、台風も多い。「天災は忘れたころにやってくる」と言われるとおり、いつどんなことが起きるか予想ができません。地震などは前触れもなく起きますが、1分もたたないうちに街が崩壊します。大雨が降れば、いつ裏山が崩れるかしれないし、鉄砲水も襲ってきます。日本人の

不安心理は、こんなところに由来するのではないかと思います。

　しかし、こんなに不安がりながら生活していても、いざ事が起きると、冷静に対処できるのも日本人ならではです。韓国人が日本で地震に遭ったりすると、それはもう大騒ぎになります。韓国は長い間大きな地震に見舞われることがなかったので、そもそも地震に対する備えがありません。震度4の地震でも起きた日には、上を下への大騒ぎになります。ところが、隣にいる日本人は、窓ガラスがガタガタ揺れ、棚から本が2、3冊落ちたぐらいでは、「わー地震だ」と笑っています。こんな日本人を見ると韓国人は、「日本人は독하다・トクハダ〔毒ハダ〕」と言って驚きます。「독하다・トクハダ」というのは、「恐ろしいほど沈着で冷淡だ」という意味です。なぜそんなに落ち着いていられるのか理解ができないのです。しかし、逃げ場のない状況で繰り返し天災に遭ってきた日本人としては、いざとなれば冷静になるしかないのでしょう。

　もう1つ韓国人が日本人について感じる「トクハダ」は心の冷たさです。親が死んでも涙1つこぼさない「일본 사람・イルボンサラム」（日本人）は「トクハダ」です。肉親や親しい人に死なれて悲しみを表に出さないことは韓国人にとっては薄情（韓国語では「ネンジョン・〔冷情〕」）に映るのです。日本人は「ネンジョンハダ」（薄情だ）が高じて「トクハダ」と感じるのです。日本人が人の前では悲しみを表に出さず後ろを向いてそっと涙を拭いていることを知らないからですが、悲

しまないから「トクハダ」というより、よくもあんなにしっかりしていられるものだ、やっぱり日本人は「トクハダ」と感じるのです。親しくしていた人に死なれると悲しみをむき出しにして周りに訴えるように嘆く人たちにとって、日本人のように気持ちをコントロールし自制できることは驚き以上に「トクハダ」なのです。

勉強も道楽のうち

　以前、朝日カルチャーセンターの私のクラスに石川長寿さんという方がいました。石川さんは70歳を過ぎてハングルの学習を始めた最年長者でした。一度も休むことなく熱心に出席していた石川さんが、ある時欠席をしました。そして1週間後、クラスに顔を出すと次のように言いました。「先週は風邪気味で病院に入院していました。風邪はすぐ治りましたが、ベッドの上で落ちこぼれになるのではないかと、そればかりが気になっていました」と。70歳を過ぎても落ちこぼれを気にする人たち。韓国ではちょっと考えられないことです。

　私が、今まで多くの日本の方に韓国語を教えてきた中で間違いなく言えることは、皆さんは本当に苦労好きだということです。こつこつとノートを取り、単語帳を作り、地道に勉強を続けます。これは、勉強することが楽しみでなければできないことです。知識を大切にし、一所懸命蓄えます。これはこれで、すばらしいことです。

　先に日本人は遊びが下手だと言いましたが、旅行1

つ取っても日本人の勤勉さが表れています。きちんと計画を立てて名所旧跡を回り、現地の説明をじっくり読み、写真をきちんと撮って持ち帰り、アルバムに整理したりします。私も地方に出かけると著名な作家の文学碑などを訪れることがありますが、碑文というものにはほとんどルビがないので、固有名詞などは難しくて読めないものがたくさんあります。こういったものにはぜひルビを振ってほしいものだとある日本人に言ったところ、彼は「いや、ルビは振らないほうがいい。そのほうが、読む人も勉強するから」との仰せでした。これは、読めない漢字をしっかりメモしておいて、帰ってから専門書などを当たって調べる人がいるということでしょう。日本に住むと韓国人もこのような点は日本人に見習って勉強していくようになると思います。

　ところが、せっかく蓄えた知識や経験を、外に出すことが苦手な日本人がいかに多いことか。その点、韓国人は発信が得意です。少ない情報でも上手に加工し、相手に訴える形にして発信します。日本人が後生大事に蓄えた知識を、韓国人のように上手に発信できたら、文化の健全な循環が始まるのではないかと思います。

　余談ですが、日本で出ている韓国のある生活情報誌が、日本に住んでいる留学生を中心とした韓国人を対象に、日本と韓国の長所短所についての調査を行いました。これを見ると、韓国人も日本は住みやすい国だと好意を持っている人が多いようです。これについては細かいことは省きますが、逆に、韓国が日本よりい

いという理由について調べてみると、「迷惑という言葉が少ないから」「地震がないから」「パチンコがないから」「教会が多いから」「言葉がよく通じるから」「物価が安いから」「表現がストレートだから」「祖国だから」「地下鉄やバスで老人に席を譲るから」などが挙げられています。皆さんはどう思われますか。

予定の好きな日本人、予定は未定の韓国人

私の家の近所の息子さんが、数年前にオーストラリアに留学しました。彼はそこで勉強をするうちに韓国人女性と仲良くなり、とうとう韓国で結婚式を挙げて、お嫁さんとして日本に連れてきました。その後、私は日本語の不自由な奥さんからよく電話で相談を受けました。あるとき2人が日本でも結婚式を挙げようということになり、早速式場などを手配し、招待客に通知を出すことになったのですが、彼女の親戚を韓国から呼ぼうとして連絡をしたところ、来年の春の予定をどうして今から決めなければいけないのかといぶかしがられたそうです。

日本では、旅行をして気に入ったホテルがあると、来年もまた来ようと予約を入れておくことがありますが、韓国では企業のイベントででもない限り、半年も先の予定をあらかじめ立てておくということはまずありません。スケジュールを立てるということは自分の生活を縛ることになるので、韓国人は何カ月も先の予定を決めることは得意ではありません。

2002年のサッカーのW杯のチケットの売れ行きを見

てもわかります。日本では半年も前にチケットの予約販売は終わっていますが、同じ時点で韓国では一部の競技場を除いてチケットは売れ残っています。間近になってドッと押し掛けることになるのは間違いありません。日常生活においても韓国人は予定を立てるのが苦手です。友人に会う約束を1カ月も前から手帳に記入しておくことはまずありません。約束をして生活の時間を縛られてしまうことを嫌うからです。ちょっとしたことでも約束をしたら忘れまいと時間までつけておいて律儀に守る日本人とは違って、よっぽどのことでもない限り人との約束を頭の中にしまっておくのが習慣の韓国人は、直前になって忙しくなったり慌てたりすることがよくあります。その代わり予定に振り回されて神経質になることもないのです。ですから予定や約束ごとでストレスが溜まるようなことはないのではないかという気がします。一方、手帳を持って生活する日本人は、予定を立てたり、物事を表にするのが大好きです。

のんびりしている韓国人

韓国語に訳しにくい言葉の1つに「のんびり」があります。この言葉には、日本語独特の特別な響きがあります。この言葉の意味は、1つは責任感から解放されること、2つ目は時間的な拘束から解放されること、3つ目は気遣いから解放されることだと思います。日本でこれらのすべてから解放されることは、そうそうあることではないでしょう。のんびりできるのはお正

月の三が日だけという人も多いと思います。そんなふうに考えると、「のんびり」が韓国語に訳しにくいのも当然だという気がしてきます。なぜなら、韓国人は1年中のんびりしているからです。ホテルの予約をしないで日本に来る韓国人は珍しいことではありません。サッカー・ワールドカップの試合のチケットは日本では数カ月前から取り合いになりましたが、韓国では競技が迫ってくるまでこのような騒動も起こりません。のんびりしているからです。

それは違う、韓国人は年中「바쁘다・パップダ」(忙しい)を連発しながら生活しているじゃないか、のんびりしているなんて嘘だ、と思う方がいらっしゃるかもしれません。確かにそういう人たちもいます。ただ、「パップダ」から解放される韓国語の「のんびりしてください」は、「푹 쉬세요・プーク　シュィセヨ」(ゆっくり休んでください)です。肉体を休ませてくれという意味です。つまり、「のんびり」は気を休めるほうにポイントがあり、「쉬다・シュィダ」(休む)は、肉体を休めるほうに比重を置いた言葉であるということです。

「中締め」をどう訳すか

日本人はけじめ、折り目、節度を大切にしますが、これは見事なものです。言葉にも「一本締め」「三本締め」というものがあります。韓国から来た国際交流員に日本のパーティーでよく出る言葉「中締め」を何と訳せばいいか、司会の通訳をしていていつも困っている、と聞かれたことがあります。「中締め」というのは、とり

あえずお開きにしますが、帰りたい人は帰り、まだ飲みたい人は残って結構です、というものですが、これは日本独特の習慣でしょう。帰りたい人は好きなときに帰ればいいのに、そこにいちいちけじめをつけるのです。

20年ほど前までは韓国語に「乾杯」という言葉もありませんでした。今は「건배・コンベ」と叫んで宴会が始まりますが、あくまでもこの言葉は中国語や日本語からの輸入語です。以前、結婚式の司会を頼まれたとき、適当な言葉がなくて「축배・チュクペ〔祝杯〕」とごまかしたりしていました。結婚式などの宴会で一斉に盃を飲み干す習慣がなかったからです。何となく始まり何となく終わることに慣れている韓国人には、日本の「乾杯」で始まり「中締め」「一本締め」などで終わる宴席風景はけじめを大切にする日本文化そのものを感じさせます。

「北条時宗」撮影裏話

2001年にNHKで放映された大河ドラマ「北条時宗」には高麗語がところどころに出てきました。私は日本語で書かれたセリフを韓国語に訳す仕事を担当しました。まず翻訳をした後でハングルにカタカナのルビを振り、それを「ゆっくり」「普通のスピード」「感情を込めた言い方」の3種類で録音して、テープを俳優に渡します。その後、私は撮影の現場にも立ち会って、各シーンを撮り終えるたびに、俳優たちの発音が正しかったかどうかを1つ1つチェックするのです。

さすがはプロの俳優さんだけあって、北大路欣也やにしきのあきらほかの高麗語を話す役者たちはみな、きちんとセリフを覚えて演技をこなしてゆきます。見事なものだと感心して見守っていましたが、殺しのシーンに立ち会ったときのことです。このシーンは1つのハイライトだったので、深夜までかかって何度も撮り直しが行われました。2時ごろになってやっと演技が決まり、やれやれこれで家に帰れると思った瞬間、監督から声がかかりました。「金先生、『死ね／』というのは『チュギョラ』ですよね」。そうだと言うと、「今のセリフははっきり聞き取れなかったので、撮り直したほうがいいのではないですか」と、こうです。私は、開いた口がふさがりませんでした。人を刺すときに、「チュ・ギョ・ラ」と1音節ずつはっきりと発音する人がいるでしょうか。私が監督を説得し、彼も納得したのでやっと撮影が終わったのですが、ここまでセリフに気を遣っているのかと、日本人の几帳面さにまたしても驚かされた次第です。日本人の完璧主義にはある程度慣れているはずの私ですが。

　ついでにもう一言。その場を逃げ去る相手に対して「待て／」と叫ぶセリフがありました。「待て」と言ったからといって逃げる相手が待ってくれるものでもないだろうにと思いましたが、日本ではここでのこの一言は欠かせないのでしょう。直訳すれば「기다려라・キダリョラ」ですが、韓国ではこうは言いません。「저놈 잡아라・チョノム　チャバラ」（あいつを捕まえろ）などと言います。

日本サッカーが強くなった理由

2002年はサッカー・ワールドカップ日韓共同開催の年で、サッカーに対する関心がひときわ高まっています。韓国はすでにワールドカップの常連組になっており、これまでは日本よりも実力が上だと言われてきましたが、最近は日本のほうが上だという声も聞かれるようになりました。

ところで、これまで両国のサッカーを見ていて感じたことは、韓国のフォワードは相手の守備陣に少しでもすきができると果敢にシュートを打ち込むのに対して、日本の選手は素人目にチャンスだというときにも、ボールを回してなかなかシュートに繋がらなかったということです。おそらく練習を通じてフォーメーションプレーを身につけているので、へたにチームワークを乱してシュートが外れでもしようものなら、周りから白い目で見られたのでしょう。

サッカーの解説書にも「サッカーとは直径22センチメートルの重さ430グラムのほぼ1気圧に保たれたボールを蹴り合うゲームである」とか「右45度から来るボールに対して首を○○度に捻って対処する」というようなことが細々と書いてあります。スポーツは理屈抜きで覚えるものだと言いますが、このようにあまりに理屈にこだわりすぎると、肝心な本能が眠ってしまうのではないかと思います。

古い話になりますが、1936年のベルリン・オリンピックで金メダルを獲得した孫基禎という韓国人マラソンランナーがいます。当時は日本の植民地時代だったの

で、日章旗を胸に付けてゴールを切ったのですが、「東亜日報」が彼の胸の日章旗を白く塗りつぶした写真を掲載して新聞の発行停止に追い込まれるという事件があり、大変な話題となりました。戦後は、韓国陸上連盟会長や韓国オリンピック委員会常任顧問などを歴任し、韓国マラソン界の重鎮として活躍され、ソウルにはこの人の名前をつけた公園まで作られています。

　ところで、この孫基禎さんが日本に来られたときに、私がインタビューをしたことがあります。東京オリンピックのときですからずいぶん昔の話になりますが、韓国マラソン界の将来についてお話を伺ったところ、「もうマラソンでは日本には絶対に勝てない」と断言されるのです。その理由をただすと、日本はトレーニングの仕方からして違うとおっしゃいます。日本ではスタート後100メートル地点、500メートル地点、1キロ地点といったふうにポイントを決め、それぞれのポイントで選手の踵にかかる体重、アキレス腱にかかるエネルギーの負担などを細かく測定して、そのデータを次のレースに生かしている。一方、韓国では、キムチをたくさん食べて一所懸命走れば必ずいい成績が出る、と言って選手を走らせているだけだから勝てるわけがない、と言うのです。なるほど、科学的な測定結果をもとに理論を組み立てることにより、確かに成績は少しずつ伸びてゆくのでしょうが、だからといって理屈だけではスポーツで勝つことはできないと思います。

　最近の日本のサッカーは本当に強くなりました。体力は向上し技術も目を見張るほど上手な選手が揃って

います。何よりも積極的に守り、果敢にシュートを打てるようになったのは見ていてもスカーッとします。日本のサッカーがアジアナンバーワンになった原動力は、自分の判断でプレーできるようになったことに尽きると思います。逆に韓国のサッカーは自分の判断だけによるプレーを抑えることでレベルアップを図っているようです。選手の判断力が強すぎるので。

将来の決まらない幸せ

　日本では最近、教育の現場や会社でも若い人を誉めて育てるという傾向が強くなっているように思います。悪いところを叱るのではなく、いいところを誉めて力を発揮させようということでしょう。韓国でも若い人をまるで腫れ物に触るように大事に育てており、時代の変遷を感じますが、韓国では「ああしなさい」とか「こうしてはだめ」とか、あれこれ言わない反面、欠点や失敗はありのままに指摘します。いずれの教育方針も頭から抑えつけないで才能を伸ばすという点では、共通していると思います。これからの社会を担う人たちが伸び伸びと活躍してほしいという気持ちも同じです。

　ところで、今日本では、何をしていいのかわからない、目標が定まらない若者が多いと言われています。早稲田大学の学生たちに接していてもこのことを実感します。韓国はどうかというとバブルがはじけ経済が破綻に陥った韓国は国を挙げて立ち直ろうと懸命になっている最中で、このような社会状況下では若者は目標

どころか就職もままならず必死に生活にしがみついている姿が目立ちます。こちらの常識ではとても厳しい環境であるのに、表情は明るいのが不思議なぐらいです。韓国に比べると日本は平和そのもののように思えます。目標の定まらない青年が多いのは当然のことではないでしょうか。将来の選択肢が多いからです。可能性がいくらでもあるから若者は迷うのです。言ってみればぜいたくな悩みを抱えているのです。

　今の日本ではどんなに離れた地方でも山奥でも、食べるものや着るものは東京の人たちとほとんど変わりません。貧しい暮らしを伝える民話を持ち出すまでもなく、ついこの前の戦前の記録や映像からも、地方に住む人々の生活がいかに厳しいものであったかを、はっきりと汲み取ることができます。今の日本の姿からは当時の悲惨さは想像できないし、またあの当時、現在のような生活は夢にも考えられなかったことでしょう。何をしていいか目標が定まらないというのは日本がそれだけ平和で豊かな証拠ではないでしょうか。日本人はその幸せに慣れきってしまっているので、そこに不満を感じる人さえいるようですが、自分が今いかにほかの国の人々に比べて幸せに暮らしているのかわからないでいるのだと思います。日本と違う環境で暮らしている人たちとつき合えば、日本人がいかに恵まれた暮らしをしているかということを実感できるはずです。国際交流というのは、そういった面で日本の若い人には特に必要だと思います。

　韓国語を学ぶ目的はいろいろあるでしょうが、韓国

の人たちと友達になり、つき合っていくうちに、必ず自分の生活が変わり、人生観が変わり、進む道が変わってきます。外国語を学ぶ本当の意味は、こういうところにあるのではないでしょうか。

第2部 ハングルの基本構造

ビルの看板にはハングルが並ぶ（韓国・釜山）

❶ 母音と子音の構造

母音字と子音字がわかればハングルが読める

　ハングルは、母音字と子音字（共に「字母」とも言う）が組み合わさって文字になっています。母音や子音が1つの文字として表される「かな」と違い、アルファベットのように母音・子音が文字の構成要素となり、これが組み合わさって「ア」「カ」といった音節を表すのです。日本語のひらがな・カタカナは、50音図に載っている文字（現在は46字）すべてを覚える必要がありますが、ハングルはその構成要素である母音字と子音字の発音がわかれば字が読めます。

　ハングルが『訓民正音』として公布されたときには、母音字・子音字を合わせて28字がありましたが、現在は、基本になる母音字10個と、基本になる子音字14個の計24個の字母が使われています。26文字あるアルファベットとほぼ同じ数なので、それほど難しくないということがおわかりになるでしょう。ただ、かなやアルファベットに慣れている日本人にとっては、丸や四角に縦横棒のハングルは記号のようで、初めのうちは抵抗があるかもしれません。

　まず、母音字と子音字の組み合わせパターンを理解してください。

　文字の組み合わせには2つのパターンがあります。

A　1文字が子音と母音でできているもの
　　（子音＋母音）
　B　その下にさらに子音がついたもの
　　（子音＋母音＋子音）

　韓国の都市「ソウル」と「釜山」を例にして文字の構造を見てみましょう。

〈例1〉서울・ソウル

　①は、子音字「ㅅ [s]」と、母音字「ㅓ [ɔ]」が組み合わさった文字で、「서 [sɔ]」と発音します。

　②は、子音の入る位置に子音がないことを表す「ㅇ [無音]」に母音字「ㅜ [u]」がついた「우 [u]」に、さらに「ㄹ [l]」がついた文字で、発音は「울 [ul]」となります。韓国語には、このように子音で終わる音節がたくさんあります。また、母音字は、子音字の右につくものと下につくものとがあることに気づかれたと思います。

〈例2〉부산・釜山

　③は、子音字「ㅂ [p]」と母音字「ㅜ [u]」が組み合わさった文字で、「부 [pu]」です。

　④は、子音字「ㅅ [s]」と母音字「ㅏ [a]」に子音字「ㄴ [n]」が組み合わさった文字で、「산 [san]」です。

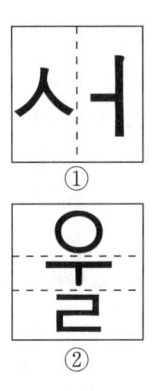

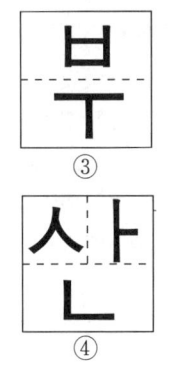

※文字の形は、英語のようにアルファベットを横に並べて書くのではなく、子音字と母音字を四角の枠の中におさまるように書きます。

※文字の発音は、子音+母音+子音の順です。最初の子音を「**初声**」、次の母音を「**中声**」、最後の子音を「**終声（パッチム）**」と言います。

※ハングルは分かち書きされます。名詞・動詞などの独立語を単位としますが、助詞や語尾などは前の単語につけて書きます。

※韓国語の語彙は、固有語・漢字語・外来語などに分類されますが、すべてハングルで表記するのが原則です(韓国では一部漢字が使われます)。

母音字の成り立ち

ハングルの字形は、古代中国の陰陽五行説と密接な関係があります（詳しくは、姜信抗著『ハングルの成立と歴史』〈大修館書店〉参照）。

母音字は漢民族の宇宙観を反映して、天をかたどる「・」と、地をかたどる「ー」、人をかたどる「丨」の3つの要素からなっており、人「丨」を中心に天地陰陽の組み合わせで作られています（現在は「・」が短い棒に変わり、長短の縦棒・横棒をもとにした組み合わせになっています）。

縦棒「丨」をもとにした字母は、「丨」のほかに「ㅏ」

「ㅑ」「ㅓ」「ㅕ」があり、「丨」の左右に短い横棒が1〜2本ついています。このように縦棒がもとになっている母音字は、初声の子音字の右側につきます。

横棒「ㅡ」をもとにした字母は、「ㅡ」のほかに「ㅗ」「ㅛ」「ㅜ」「ㅠ」があり、「ㅡ」の上下に縦棒が1〜2本ついています。このように横棒がもとになっている母音字は、初声の子音字の下につきます。

母音の発音

母音を表す基本字をまとめると、

「아, 야, 어, 여, 오, 요, 우, 유, 으, 이」

の10文字になります（音節が母音で始まる場合は、初声の位置に「ㅇ」を入れるという規則があるので、文字にするとこのようになります）。日本語は5母音ですからその倍になりますが、よく見ると末尾の「ㅡ」「丨」を除いて、「ㅏ, ㅑ」「ㅓ, ㅕ」「ㅗ, ㅛ」「ㅜ, ㅠ」は短い棒が1本か2本かの違いであることがわかります。短い棒が2本ついている文字は、日本語の「ヤ、ヨ、ユ」のような拗音なので、単母音は「아, 어, 오, 우, 으, 이」の6つということになります。

日本人の皆さんには区別しにくい音がありますが、

	1	2	3	4	5	6	7	8	9	10
字母	ㅏ	ㅑ	ㅓ	ㅕ	ㅗ	ㅛ	ㅜ	ㅠ	ㅡ	丨
発音	a ア	ja ヤ	ɔ オ	jɔ ヨ	o オ	jo ヨ	u ウ	ju ユ	ɯ ウ	i イ

この違いを理解することは、発音習得の上でとても大切です。

(1) 基本母音の発音

基本母音	発 音	発音の仕方
① 아	a・ア	日本語の「ア」とほぼ同じ。 口を大きく開け、舌の先は上げない。
② 야	ja・ヤ	日本語の「ヤ」とほぼ同じ。
③ 어	ɔ・オ	口を大きく開けて発音する。 「ア」と「オ」の中間音。
④ 여	jɔ・ヨ	口を大きく開けて発音する「ヨ」。
⑤ 오	o・オ	唇を丸く突き出して発音する「オ」。
⑥ 요	jo・ヨ	唇を丸く突き出して発音する「ヨ」。
⑦ 우	u・ウ	唇を丸く突き出して発音する「ウ」。
⑧ 유	ju・ユ	唇を丸く突き出して発音する「ユ」。
⑨ 으	ɯ・ウ	唇を左右に引いて発音する「ウ」。
⑩ 이	i・イ	唇を左右に引いて発音する「イ」。

(2) 発音上の注意

基本母音の中に、「オ」「ヨ」「ウ」にあたる音がそれぞれ2つあります。これを区別できるようにしましょう。

(3) 11の合成母音

基本母音のほかに、11個の合成母音があります。基

第2部 ハングルの基本構造

本母音を組み合わせたもので、同じく縦棒・横棒で表します。

合成母音	発 音	組み合わせ	発音の仕方
① 애	ɛ・エ	ㅏ+ㅣ	日本語の「エ」より口を広く開けて発音する。
② 애	jɛ・イェ	ㅑ+ㅣ	「イ」を発音した直後に口を広く開けて一息に「エ」を発音する。
③ 에	e・エ	ㅓ+ㅣ	日本語の「エ」とほぼ同じ。
④ 예	je・イェ	ㅕ+ㅣ	「イ」を発音した直後に一息に「エ」を発音する。
⑤ 와	wa・ワ	ㅗ+ㅏ	日本語の「ワ」とほぼ同じ。
⑥ 왜	wɛ・ウェ	ㅗ+ㅐ	唇を丸く突き出した直後に口を広く開けて一息に「エ」を発音する。
⑦ 외	we・ウェ	ㅗ+ㅣ	本来は唇を丸くしたまま「エ」を発音する音。現在は⑨の「웨」と同じく「ウェ」と発音する。
⑧ 워	wɔ・ウォ	ㅜ+ㅓ	唇を丸く突き出した直後に口を広く開けて一息に「オ」を発音する。
⑨ 웨	we・ウェ	ㅜ+ㅔ	唇を丸く突き出した直後に一息に「エ」を発音する。
⑩ 위	wi・ウィ	ㅜ+ㅣ	唇を丸く突き出した直後に一息に「イ」を発音する。
⑪ 의	ɯi・ウィ	ㅡ+ㅣ	唇を横に引いた「ウ」と「イ」を一息に発音する。

合成母音の発音になじむには時間がかかります。似たような音が多いからですが、合成母音は基本母音の組み合わせでできていることを忘れないでください。

(4) 間違えやすい合成母音の発音

「ウェ」：⑦の외［we・ウェ］と⑨の웨［we・ウェ］は同じ発音です。

「エ」：①「애」と③「에」は、口の開き具合が違います。①「애」は口を広く開けて発音します。

「イェ」：②「얘」と④「예」も、口の開き具合が違います。②「얘」は口を広く開けて発音します。

「ウェ」：⑥「왜」と⑦「외」⑨「웨」は発音し終わったときの口の開き具合が違います。⑥「왜」のほうが開き具合が大きいです。

「ウィ」：⑩「위」と⑪「의」は唇の形が違います。⑪「의」は唇を丸くせず、横に引いて「ウィ」と発音します。

発音器官をかたどった子音字

ハングルは、独創的に作られた子音字・母音字の組み合わせによって書き表される文字であることは先に述べましたが、子音字は口の中の発音器官をかたどって作られました。

たとえば、カ行の子音「ㄱ」は舌の付け根の部分が上あごの天井（口蓋）に接している形、ナ行の子音「ㄴ」は舌の先が上の前歯の裏に接している形、マ行の子音

「ㅁ」は唇を正面から見た形、サ行の子音「ㅅ」は歯の形、喉から出る音「ㅇ」は喉をかたどった形と、実に合理的に作られています。

子音は、基本子音が14個あります。これに子音を重ねた「濃音」と呼ばれる子音5個が加わり、計19個です。

(1) 14の基本子音

字母	名称	発音	
① ㄱ	キヨク	[k, g]	カ行音。語中ではガ行音。
② ㄴ	ニウン	[n]	ナ行音。
③ ㄷ	ティグッ	[t, d]	タ行音。語中ではダ行音。
④ ㄹ	リウル	[r]	ラ行音。
⑤ ㅁ	ミウム	[m]	マ行音。
⑥ ㅂ	ピウプ	[p, b]	パ行音。語中ではバ行音。
⑦ ㅅ	シオッ	[s, ʃ]	サ行音。
⑧ ㅇ	イウン	[-]	発音しない。
⑨ ㅈ	チウッ	[tʃ, dʒ]	チャ行音。語中ではジャ行音。
⑩ ㅊ	チウッ	[tʃʰ]	チャ行音。
⑪ ㅋ	キウク	[kʰ]	カ行音。
⑫ ㅌ	ティウッ	[tʰ]	タ行音。
⑬ ㅍ	ピウプ	[pʰ]	パ行音。
⑭ ㅎ	ヒウッ	[h]	ハ行音。

14の基本子音のうち、①「ㄱ」③「ㄷ」⑥「ㅂ」⑦「ㅅ」⑨「ㅈ」を平音、⑩「ㅊ」⑪「ㅋ」⑫「ㅌ」⑬「ㅍ」⑭「ㅎ」を激音と言います。

(2) 濃音

字 母	名 称	発 音	
① ㄲ	サンギヨク	[ˀk]	ッカ行音「真っ赤」の「カ」
② ㄸ	サンディグッ	[ˀt]	ッタ行音「あった」の「タ」
③ ㅃ	サンビウプ	[ˀp]	ッパ行音「いっぱい」の「パ」
④ ㅆ	サンシオッ	[ˀs]	ッサ行音「あっさり」の「サ」
⑤ ㅉ	サンジウッ	[ˀtʃ]	ッチャ行音「抹茶」の「チャ」

子音字の筆順

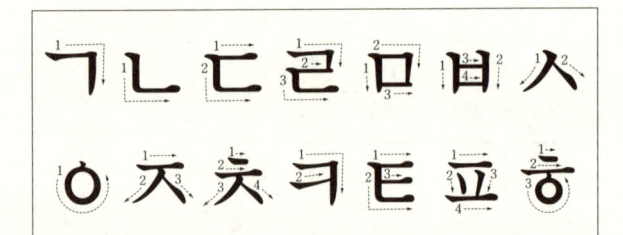

ㄱ ㄴ ㄷ ㄹ ㅁ ㅂ ㅅ
ㅇ ㅈ ㅊ ㅋ ㅌ ㅍ ㅎ

子音字の成り立ち

子音字は、口の中の発音器官の形によって、唇音・舌音・歯音・軟口蓋音・喉音に分かれます。唇音は「ㅁ」をもとに2本の縦線を上に伸ばして「ㅂ」、これが横になり横線が伸びて「ㅍ」、さらにもう1つ「ㅂ」を重ね

て「ㅃ」という具合に、もとになる形に手を加えて 19 個の子音を作っています。

5 音の発展

唇　音	ㅁ	→	ㅂ〈ㅃ〉	→	ㅍ
舌　音	ㄴ	→	ㄷ〈ㄸ〉	→	ㅌ
	↓				
	ㄹ				
歯　音	ㅅ〈ㅆ〉	→	ㅈ〈ㅉ〉	→	ㅊ
軟口蓋音	ㄱ〈ㄲ〉	→	ㅋ		
喉　音	ㅇ	→	ㅎ		

❷ 平音・激音・濃音

韓国人は「ビール」が苦手

「韓国語には濁音がないんですねえ。うちにホームステイしている韓国人にいくら言っても、『ビール』が言えないで『ピール』と言うんですよ。どうすれば『ビール』と言えるんでしょうね」と、ある日本人から相談を受けたことがあります。

韓国人が苦手とする発音の1つは、語頭の濁音です。「全然」は「チェンジェン」、「駄目」は「タメ」、「動詞の語幹」は「トウシのコカン」になります。彼らの意識の中には「비루・ピール（平音）」、「피루・ピール（激音）」、「삐루・ッピール（濃音）」という音はあっても、「ビール」という音はないのです。

韓国語にも語中の濁音はありますが、これは意識して濁音として発音しているのではなく、前後の音の影響で自然に濁音になるのです。ですから、「ビール」の前に無理に「お」をつけて「おビール」と言わせると、きちんと「ビ」と言えるはずです。

韓国語には語頭の濁音がないのですから、日本のテレビの字幕などで韓国人の名字の「鄭」が「ジョン」であったり、「朴」が「バク」、「具」が「グ」だったりするのは誤りで、「チョン」「パク」「ク」とするべきです。

自然に濁る平音

「平音」と呼ばれる子音のうち「ㅅ」を除く「ㄱ, ㄷ, ㅂ, ㅈ」の4音は、有声音（声帯を振動させる音）に挟まれると自然に濁音になります。

韓国から来た人に「どこから来たか」と尋ねると「カンゴグから」と答えることがあります。カ行子音の「ㄱ」が語中で濁るからです。そこで「カンゴグ」はまずい、「カンコク」ですよと注意したりすると、濁音ノイローゼになって、次に尋ねられると「ガンコク」から来たと答えたりします。

タ行の「ㄷ」も濁って、「畳」が「タダミ」、「私」が「ワダシ」になることがあります。

パ行の「ㅂ」も濁ります。「부부〔夫婦〕」は、語頭の「부」は「プ」ですが、2番目の「부」は「ブ」です。

チャ行の「ㅈ」も濁ります。「자주（しばしば）」は「チャジュ」と発音されます。

なお、サ行の「ㅅ」は語頭でも語中でも濁らないことに注意しましょう。また、日本語のサ行の濁音のうち「ザズゼゾ」も韓国語にない音です。

激音と濃音

これまで平音が語中において濁音になる話をしましたが、韓国語には語中でも濁音にならない子音があります。それは「激音」と「濃音」です。

平音「ㄱ, ㄷ, ㅂ, ㅈ」に対応する激音「ㅋ, ㅌ, ㅍ, ㅊ」は、息を強く吐き出す音です。

同じ平音に対応する濃音「ㄲ, ㄸ, ㅃ, ㅉ」と平音

「ㅅ」に対応する濃音「ㅆ」は息を出さずに、喉に力を入れて発音します。

　激音は日本人には馴染みのない音ですが、無意識のうちにこれを発音していることもあります。たとえば、「さらば東京」を歌った三橋美智也さんの「トーキョー」は見事な激音だったことを覚えています。車のことを激音で「カー」と言う人がかなりいますし、野球中継のアナウンサーが叫ぶ「ツーストライク」も、英語の「ｔ」が激音の「ㅌ」に聞こえます。

　一方、濃音は息を吐き出さないで、口の中にとどめておく感じで発音します。小さい「ッ」を伴なった発音だと言うと、理解しやすいかもしれません。

　激音・濃音の発音に苦労している人から、こんな質問を受けたことがあります。
「韓国では小さな子供でも激音・濃音の区別ができるのですか」
　私が答える前に、隣の人が言いました。
「それはそうでしょう。韓国では犬までキムチを食べているんですよ」

　激音・濃音の発音で悩む必要はありません。言葉に接していると、ある日突然きれいに言えるようになるものです。

　ちなみに、日本語の語中の清音をハングルで表記するときは、激音か濃音で書きます。韓国で公式に定められている日本語表記法では、語頭の清音は平音で、語中の清音は激音で書くことになっています。したがって「田端さち子」は「다바타 사치코」になります。

第2部　ハングルの基本構造

❸ 終声（パッチム）

日本語にない語末子音

「雨」は、韓国語で「비」と言います。「アメ」も「ピ」も母音で終わる言葉です。一方、「雪」は「눈」と言います。「ユキ」は母音で終わっていますが、「ヌーン」は「ン [n]」という子音で終わっています。また、「風」は「바람」と言います。日本語の「カゼ」は母音で終わっていますが、「パラム」は「ム [m]」という子音で終わっています。

このように、日本語の単語はほとんどが母音で終わっているのに対し、韓国語の単語は母音で終わる「비」のようなものと、「눈」「바람」のように子音で終わるものの2種類があります。

前にも述べたように、文字は初声、中声、終声からできていますが、終声のことを語末子音またはパッチム（支えるもの）と言います。韓国語の学習では、このパッチムの発音をしっかり覚えることが大切です。

初声の子音字は、基本子音14字と濃音5字の計19字ですが、終声（パッチム）になる子音字は、基本子音14字と2つの濃音子音（ㄲ, ㅆ）、それに異なる子音を2つ並べたもの11字（ㄳ, ㄵ, ㄶ, ㄹㄱ, ㄻ, ㄺ, ㄽ, ㄾ, ㄿ, ㅀ, ㅄ）があり、合計27字あります。

パッチムの発音

合計27あるパッチムを覚えるのは大変だと思われるでしょうが、この発音は次のように7通りしかありません(리, 래は、2通りの発音があります)。

パッチム	発　音
ㄱ, ㅋ, ㄲ, 리, ㄳ	ㄱ [k] 舌の付け根を上あごの天井につけて息を止める。
ㄴ, ㄵ, ㄶ	ㄴ [n] 「問題」の「ン」のように、舌を上歯茎の裏につけて鼻から息を出す。
ㄷ, ㅅ, ㅆ, ㅈ, ㅊ, ㅌ, ㅎ	ㄷ [t] 「バッタ」の「ッ」のように、舌を上歯茎の裏につけて息を止める。
ㄹ, 리, 래, ㄽ, ㄾ, ㅀ	ㄹ [l] 舌先を上あごにしっかりつけて、息を舌の両側から出す。
ㅁ, 래	ㅁ [m] 「さんま」の「ン」のように、唇をしっかり閉じて鼻から息を出す。
ㅂ, ㅍ, ㅄ, 래, ㄿ	ㅂ [p] 唇をしっかり閉じて息を止める。
ㅇ	ㅇ [ŋ] 「漫画」の「ン」のように、舌の付け根を上あごの奥につけて鼻から息を出す。

パッチムの7通りの音は次の3種類に分類できます。

(1) **つまる音**

① ㄱ [k] に代表される音。역 [jɔk・ヨク]（駅）も부엌 [puɔk・プオク]（台所）もパッチムの文字は違っても音は同じで、口の構えをするだけで息は漏れません。

② ㄷ [t] に代表される音。빗 [pit・ピッ]（くし）、빚 [pit・ピッ]（借金）、빛 [pit・ピッ]（光）は、いずれも同じ発音です。

③ ㅂ [p] に代表される音。입 [ip・イプ]（口）も잎 [ip・イプ]（葉）も発音は同じで、口を閉じて息をつまらせる [p・プ] です。

(2) **鼻音**

손 [son・ソン]（手）、솜 [som・ソム]（綿）、송 [soŋ・ソン]（宋）に見られるような [n・ン] [m・ム] [ŋ・ン] の3つです。これらの音は舌の位置や口の構えが違います。特に、「ㅁ [m・ム]」パッチムは、口をしっかりと閉じて発音することに注意しましょう。

(3) **流音**

ㄹパッチム1つだけです。初声のㄹ子音は [r] 音であるのに対し、パッチムのㄹは [l] に近い音です。

2文字のパッチム

異なる文字が2つ並んだパッチムは、前頁の表のように左右どちらか1つの子音だけが発音されます。

값 [kap・カプ]（値段）

닭 [tak・タク]（ニワトリ）

ただし、次の文字と続けて読まれる場合は、左の文字が終声になり、右の文字は次の文字に連音します。

パッチムはどうしてできたか

 ハングルは表音文字ですから、常に発音通りに表記できるはずです。それにもかかわらず、どうしてパッチムには文字と発音が異なるものがあったり、2つの文字が並ぶものがあるのでしょうか。

 私の母(生きていれば90歳を越えています)は、よくハングルで手紙を書いて送ってきました。その手紙の表記は次のようになっていました。

 ① 「이비아프다」口が痛い。
 ② 「이피크다」葉が大きい。
 ③ 「갑시비싸다」値段が高い。

 これらの言葉は発音してみるとすぐ意味がわかりますが、文字のままだと2、3度読み返さないとわからないこともありました。これらは言葉を発音通りに表したもので、現在のように分かち書きもされていません。昔は、ハングルで書かれた聖書(1889年に培材学堂で最初に印刷された)も小説も、みなこのように表記されていたのです。

 それが1933年、朝鮮語学会で決めた朝鮮語綴字法統一案によって新しい表記法になりました。①「이비」(口が) ②「이피」(葉が) ③「갑시」(値段が)の「が」の部分にあるのは①「비」②「피」③「시」で、文法的に整理すると共通するのは「이」になるので「이」を残し、初声の子音を前の文字につけて表すパッチムにしたのです。その結果「입」は「口」、「잎」は「葉」、「값」は「値段」を表す独立した単語として表記されるようになりました。このようにして、表音文字である

ハングルは意味の区切りも表すことのできる文字体系に生まれ変わったのです。

今では、①「입이 아프다」②「잎이 크다」③「값이 비싸다」のようにきちんと分かち書きがされています。その後、表記法の部分的な改正はありましたが、南も北もハングル表記は1933年の朝鮮語綴字法統一案を基本にしています。

ハングルは必ずしも文字通りに発音されない

韓国の貨幣単位は「원」です。日本の貨幣単位「円」は常に「えん」と発音されますが、韓国語の「ウォン」の発音は変化します。1ウォンは「일 원」、10ウォンは「십 원」、100ウォンは「백 원」、1000ウォンは「천 원」といった具合に、「ルォン」「ブォン」「グォン」「ヌォン」になります。つまり「원」の前にくる数詞のパッチムによって発音が変わるのです。

「韓国語」は「한국말」と言います。1つ1つの文字を読むと「한」「국」「말」ですが、続けて読むと「ハーングンマル」となり文字通りには発音されません。

ここでは触れませんが、これらにはきちんとした規則があり、時間をかければ日本人の皆さんでも正しく発音できるようになります。

発音の覚え方

以上、ハングルの発音について述べてきましたが、日本語にない発音やその仕組みをどうすれば早く覚えられるのでしょうか。私は次のような方法をお勧めしま

す。

　まず、10個の基本母音である「아」から「이」までの発音を確かめます。この際、口を丸く突き出す発音、たとえば2つの「オ」「ヨ」「ウ」のうちの1つに特に注意します。発音ができるようになったら声を出して30回唱え、それが終わったら、1つずつ順に書いてみます。これも30回続けます。できたら模範の発音テープを聞きながら、書いてみるといいでしょう。これだけで、ひととおり母音は覚えられます。

　同じように子音も、「가나다라……(カナダラ)」という具合に母音「ア(ト)」を子音につけて繰り返し発音して覚えます。覚えられたら今度は、子音「ㄱ」に10の基本母音をつけて、「가갸거겨고교구규그기(カギャコギョコギョクギュクギ)」と並べて声を出して読みます。これが終わったら、次には子音「ㄴ」をつけて「나냐너녀노뇨누뉴느니(ナニャノニョノニョヌニュヌニ)」と読みます。このように14の子音字と母音字を組み合わせた文字を発音してゆきます。

　これは、韓国での伝統的な文字の習得方法で、昔の書堂(ソダン)(寺子屋)でもこのような方法でハングルを学んでいました。これを一覧表にしたのが「反切表(パンジョルピョ)」と呼ばれるものです。

　次は、パッチムを含む文字の読み方です。これは、最初から発音のルールを覚えてしまうのも手ですが、とりあえずいろいろな単語や語句を覚えながら自然に覚えていくのがよいでしょう。

　さらに、文章を読み解くには、正書法と辞書の引き方に慣れる必要があります。時間はかかっても、単語

の綴りと発音を正確に覚えてゆくことが、後々の飛躍につながります。
　ハングルを覚えることは、楽譜の読み方を覚えることと似ています。

第3部

韓国語の基本表現

시정앞
市廳
City Hall

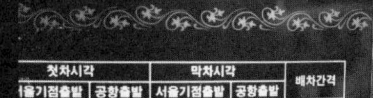

첫차시각		막차시각		배차간격
서울기점출발	공항출발	서울기점출발	공항출발	
04:50	05:50	21:30	23:00	15분

vice hours 04:50 ~ 23:00 (every 12~15 minutes shuttle bus)
₩2,000 김포↔인천₩4,000 시내↔인천(김포경유)₩5,000 시내↔인천(직통)₩5,500

● **인천국제공항**
↓ 仁川國際空港
Incheon Int'l Airport

● **마포**
麻浦
Mapo

● **공덕동**
孔德洞
Gongdeok-dong

● **마포경찰서**
麻浦警察署
Mapo Police Station

● 충정로

시정앞	
첫차 04시 50분	
막차 21시 30분	
매시	08
	23
	38
	53

サッカーの日韓ワールドカップを前に、ソウル市内のバス
停留所の表示板では漢字併記が進められていた。

❶ 漢字とハングル

漢字の読み方は1つ

　韓国語の漢字は、一字一音が原則で、訓読みすることはありません。日本語のように「大震災」と「大地震」、「出札口」に「出入りする」などと、音読みと訓読みを複雑に使い分けることはありません。

　たとえば「地球」は「지구」と言いますが、「地」は「지」、「球」は「구」と読むことを知っていると、「地」「球」のつく他の言葉の発音は、初めて接するものでも推測がつくというわけです。「地震」は「지진」、「地下鉄」は「지하철」、「大地」は「대지」、「天地」は「천지」、「球形」は「구형」、「球場」は「구장」、「野球」は「야구」、「水球」は「수구」となります。語頭の「地（チ）」が語中で「地（ジ）」になったり、「球（ク）」が「球（グ）」になったりするのは韓国語の発音ルールによるものです。

　2つの音を持つ漢字がないわけではありません。たとえば「金」は「금」ですが、人名、地名の場合は普通「김」と読まれます。「易」も「貿易」は「무역」ですが、「容易」は「용이」と、「ヨク」と「イ」の2つの音があります。このような2つの音を持つ漢字はまれです。

日本語漢字音との対応

日本語のひらがなは漢字を崩した形からできたものですが、元の漢字を韓国語ではどのように発音するのでしょうか。参考までに表にしてみました。

いかがですか。日本語とよく似た音があることにお気づきでしょう。

あ 安 안(アン)	い 以 이(イ)	う 宇 우(ウ)	え 衣 의(ウィ)	お 於 어(オ)
か 加 가(カ)	き 幾 기(キ)	く 久 구(ク)	け 計 계(ケ)	こ 己 기(キ)
さ 左 좌(チョア)	し 之 지(チ)	す 寸 촌(チョン)	せ 世 세(セ)	そ 曽 증(チュン)
た 太 태(テ)	ち 知 지(チ)	つ 川 천(チョン)	て 天 천(チョン)	と 止 지(チ)
な 奈 내(ネ)	に 仁 인(イン)	ぬ 奴 노(ノ)	ね 祢 네(ネ)	の 乃 내(ネ)
は 波 파(パ)	ひ 比 비(ビ)	ふ 不 불(プル)	へ 部 부(ブ)	ほ 保 보(ポ)
ま 末 말(マル)	み 美 미(ミ)	む 武 무(ム)	め 女 녀(ニョ)	も 毛 모(モ)
や 也 야(ヤ)		ゆ 由 유(ユ)		よ 与 여(ヨ)
ら 良 량(リャン)	り 利 리(リ)	る 留 류(リュ)	れ 礼 례(リェ)	ろ 呂 려(リョ)
わ 和 화(ファ)	ゐ 為 위(ウィ)		ゑ 恵 혜(ヘ)	を 遠 원(ウォン)
		ん 无 무(ム)		

日本語と韓国語の漢字音は、一定の規則性を持って対応しています。

日本語の漢字音には「呉音」「漢音」「唐音」「慣用音」などがありますが、このうち「呉音」が韓国語の発音に最も近いものです。

(1) 日本語の母音と韓国語の母音は、次のように対応します。

[アイ] 愛, 哀 [애]
[ナイ] 内 [내]
[ライ] 来 [래]
[マイ] 毎, 埋 [매]
[カイ] 開, 改 [개]
[サイ] 細, 歳 [세]
[サイ, ザイ] 再, 在 [재]
[タイ, ダイ] 対, 大 [대] 題, 第 [제]
[シャ] 社, 写, 斜 [사]
[ショ] 暑, 書 [서]
[ショ, ショウ] 所, 小 [소]
[シュ, シュウ] 手, 秀 [수]

(2) 日本語の頭子音は、韓国語の初声に次のように対応します。

カ行（ガ行）
　ㄱ 家・가、歌・가、交・교、具・구
　ㅎ 海・해、後・후、会・회、回・회
　ㅇ 語・어、五・오、元・원、完・완

サ行（ザ行）
　ㅅ　砂・사、師・사、西・서、事・사
サ行（呉音）
　ㅈ　子・자、宗・종、章・장、証・증
　ㅊ　車・차、草・초、七・칠、親・친
タ行
　ㄷ, ㅈ　道・도、代・대、竹・죽、鳥・조
　ㅌ, ㅊ　闘・투、湯・탕、治・치、鉄・철
ダ行（呉音ではナ行）
　ㄴ　男・남、暖・난、内・내、納・납
ハ行（バ行）
　ㅂ, ㅍ　非・비、普・보、培・배、破・파
ヤ行（ワ・ア行）
　ㅇ　亜・아、永・영、優・우、遊・유
ラ行
　ㄹ　羅・라、利・리、来・래、料・료

(3) 日本語の語末音は、韓国語のパッチムに次のように対応します。

　[キ, ク]
　　ㄱ　駅・역、学・학、家族・가족
　[チ, ツ]
　　ㄹ　毎日・매일、出発・출발
　[ウ]（呉音ではフ）
　　ㅂ　合法・합법、職業・직업
　[ン]
　　ㄴ, ㅁ　安心・안심、金銀・금은

[イ, ウ]
　○　生物・생물、東洋・동양
　　　　　センムル　　　トンヤン

四字熟語

　韓国語にも四字熟語があります。日本語で四字熟語は漢字を覚えるのに欠かせませんが、韓国語ではハングル表記による音だけで使われているためか、日本語ほど頻繁には使われません。

　韓国語の四字熟語には、
　　①日本語と同じ字、同じ意味のもの
　　②同じ字で意味が違うもの
　　③同じ意味で字が違うもの
　　④韓国だけで使われるもの
があります。この中のいくつかをご紹介します。

①暗中模索 [암중모색]　　以心伝心 [이심전심]
　　　アームジュンモセク　　　　　　　　イーシムジョンシム
　紆余曲折 [우여곡절]　　我田引水 [아전인수]
　　　ウヨゴクチョル　　　　　　　　　アージョニンス
　奇想天外 [기상천외]　　言語道断 [언어도단]
　　　キサンチョヌェ　　　　　　　　　オノドーダン
　東奔西走 [동분서주]　　馬耳東風 [마이동풍]
　　　トンブンソジュ　　　　　　　　　マーイドンプン
　一挙両得 [일거양득]
　　　イルゴヤーンドゥク
②八方美人 [팔방미인] (やり手く日本語のような否
　　　パルバンミーイン
定的な意味はない))
③良妻賢母＝賢母良妻 [현모양처]
　　　　　　　　　　　　　ヒョーンモヤンチョ
　老若男女＝男女老少 [남녀노소]
　　　　　　　　　　　　　ナムニョノーソ
④比日彼日 [차일피일] (今日明日と期日を延ばすこ
　　　チャイルピーイル
と)
　同族相残 [동족상잔] (同族同士が殺し合うこと)
　　　　　　トーンジョクッサンジャン

非一非在 [비일비재]ビーイルビージェ（一度や二度ではないこと）
同苦同楽 [동고동락]トーンゴドーンナク（苦楽を共にすること）

日本語とは意味が違う漢字語

工夫 [공부]コンブ（勉強）、人事 [인사]インサ（あいさつ）
多情 [다정]タジョン（親しいこと）、去来 [거래]コーレ（取引）
境遇 [경우]キョンウ（場合・事情）、来日 [내일]ネイル（明日）
八字 [팔자]パルッチャ（運命）、内外 [내외]ネーウェ（夫妻）
開封 [개봉]ケボン（封切）、長短 [장단]チャンダン（リズム）

日本語にない漢字語

外上 [외상]ウェーサン（付け・掛売）、未安 [미안]ミアン（すまない）
謝過 [사과]サーグァ（謝ること）、男便 [남편]ナムピョン（夫）
便紙 [편지]ピョーンジ（手紙）、世上 [세상]セーサン（世の中）
食口 [식구]シック（広い意味の家族）、木手 [목수]モクス（大工）
苦生 [고생]コセン（苦労）、郵票 [우표]ウピョ（切手）

韓国では通用しない漢字語

日本語の中には韓国で通用しない次のような漢字語もたくさんあります。

還暦、残念、調子、表札、迷惑、役所、漁師、利口

漢字表記された次のような和語は、当然のことながらほとんど通用しません。

友達、受付、肩書、靴下、手袋、申込、割合、形見

❷ 韓国語の「てにをは」

　韓国語の助詞は日本語とほぼ同じ使い方をしますが、形が２つあるものがあります。パッチムのない単語（母音で終わっている単語）につく場合とパッチムのある単語（子音で終わっている単語）につく場合とで、形の違うものがあるのです。まずこれに慣れることが大切です。

「～は」
① -는 (パッチムのない単語につく形。以下Aという)
② -은 (パッチムのある単語につく形。以下Bという)
　A 저는 (私は)　여기는 (ここは)
　B 당신은 (あなたは)　서울은 (ソウルは)

「～が」
① -가 (A)
② -이 (B)
③ -께서 (すべての単語につく尊敬形。Cと表記)
　A 내가 (私が)　여기가 (そこが)
　B 동생이 (弟が)　이것이 (これが)
　C 오빠께서 (兄が)　선생님께서 (先生が)
(나(私)에 가がつくと나가ではなく、내가になります。)

「〜を」

① -를 (A)
② -을 (B)
  A 언니를 (姉を) 저기를 (あそこを)
  B 동생을 (弟を) 무엇을 (何を)

「〜へ」

① -로…方向を表す (A)（パッチムのない単語およびㄹパッチムで終わる単語につく）
② -으로 (B)
  A 바다로 (海へ) 호텔로 (ホテルへ)
  B 산으로 (山へ) 역으로 (駅へ)

「〜で」

① -로…方法を表す (A)（パッチムのない単語およびㄹパッチムで終わる単語につく）
② -으로 (B)
  A 전화로 (電話で) 지하철로 (地下鉄で)
  B 한약으로 (漢方薬〔漢薬〕で)
    우편으로 (郵便で)

「〜と」

(1) 書き言葉でよく使われる
① -와 (A)
② -과 (B)
  A 너와 나 (君と僕) 도쿄와 서울 (東京とソウル)
  B 남편과 아내 (夫〔男便〕と妻)

한국과 일본 (韓国と日本)
<ruby>한국과<rt>ハーングックァ</rt></ruby> <ruby>일본<rt>イルボン</rt></ruby>

(2) 話し言葉でよく使われる

- 하고 (A・Bに共通)
  <ruby>하고<rt>ハゴ</rt></ruby>
  아버지하고 어머니 (父と母)
  <ruby>아버지하고<rt>アボジハゴ</rt></ruby> <ruby>어머니<rt>オモニ</rt></ruby>
  축구하고 야구 (サッカーと野球)
  <ruby>축구하고<rt>チュックハゴ</rt></ruby> <ruby>야구<rt>ヤーグ</rt></ruby>
  딸하고 아들 (娘と息子)
  <ruby>딸하고<rt>ッタラゴ</rt></ruby> <ruby>아들<rt>アドゥル</rt></ruby>
  밥하고 국 (ご飯とスープ)
  <ruby>밥하고<rt>パパゴ</rt></ruby> <ruby>국<rt>クク</rt></ruby>

「～も」

- 도 (A・Bに共通)
  <ruby>도<rt>ト</rt></ruby>
  우리도 (我々も) 한자도 (漢字も)
  <ruby>우리도<rt>ウリド</rt></ruby> <ruby>한자도<rt>ハーンッチャド</rt></ruby>
  이것도 (これも) 한글도 (ハングルも)
  <ruby>이것도<rt>イゴット</rt></ruby> <ruby>한글도<rt>ハングルド</rt></ruby>

「～に」

① - 에…場所を表す単語につく (A・Bに共通)
   <ruby>에<rt>エ</rt></ruby>
② - 에게…人や動物につく (A・Bに共通)
   <ruby>에게<rt>エゲ</rt></ruby>
③ - 께 (C)
   <ruby>께<rt>ッケ</rt></ruby>
   여기에 (ここに) 집에 (家に)
   <ruby>여기에<rt>ヨギエ</rt></ruby> <ruby>집에<rt>チベ</rt></ruby>
   나에게 (私に) 친구에게 (友人に)
   <ruby>나에게<rt>ナエゲ</rt></ruby> <ruby>친구에게<rt>チングエゲ</rt></ruby>
   할머니께 (祖母に)
   <ruby>할머니께<rt>ハルモニッケ</rt></ruby>

「～で、～から」

① - 에서…場所や起点を表す (A・Bに共通)
   <ruby>에서<rt>エソ</rt></ruby>
② - 서…「-에서」の縮まった形 (A・Bに共通)
   <ruby>서<rt>ソ</rt></ruby>
③ - 에게서…人や動物につく (A・Bに共通)
   <ruby>에게서<rt>エゲソ</rt></ruby>
   공원에서 (公園で／公園から)
   <ruby>공원에서<rt>コンウォネソ</rt></ruby>
   서울에서 (ソウルで／ソウルから)
   <ruby>서울에서<rt>ソウレソ</rt></ruby>

선생님에게서（先生から）　후배에게서（後輩から）
<small>ソンセンニメゲソ　　　　　　　　　　　フーベエゲソ</small>

「～から」

- 부터…始まりを表す（A・Bに共通）
<small>プト</small>

　언제부터（いつから）　이제부터（これから）
<small>オンジェプト　　　　　　　　イジェプト</small>

　내일부터（明日〔来日〕から）　아침부터（朝から）
<small>ネイルプト　　　　　　　　　　　　アチムプト</small>

「～まで」

- 까지…限度を表す（A・Bに共通）
<small>ッカジ</small>

　일요일까지（日曜日まで）　어디까지（どこまで）
<small>イリョイルッカジ　　　　　　　　オディッカジ</small>

　종점까지（終点まで）　끝까지（最後まで）
<small>チョンッチョムッカジ　　　　ックッカジ</small>

「～より」

- 보다…比較を表す（A・Bに共通）
<small>ポダ</small>

　나보다（私より）　나보다는（私よりは）
<small>ナボダ　　　　　　　ナボダヌン</small>

　이것보다（これより）　이것보다도（これよりも）
<small>イゴッボダ　　　　　　　イゴッボダド</small>

「～の」

- 의…所有、所属を表す（A・Bに共通）
<small>エ</small>

※発音は［e・エ］

　나의　모자（私の帽子）
<small>ナエ　モジャ</small>

　마음의　고향（心の故郷）
<small>マウメ　コヒャン</small>

「～しか」

- 밖에…否定文が続く（A・Bに共通）
<small>パッケ</small>

　하나밖에（1つしか）　여기밖에（ここしか）
<small>ハナパッケ　　　　　　　ヨギパッケ</small>

　큰돈밖에（大きいお金しか）　당신밖에（あなたしか）
<small>クンドンパッケ　　　　　　　　　タンシンパッケ</small>

「〜や、〜も」

列挙を表す

① -나 (A)
② -이나 (B)
　A 사과나 배 (リンゴや梨) 너나 나나 (君も僕も)
　B 일본이나 중국 (日本や中国)
　　이것이나 그것이나 (これもそれも)

「〜でも」

(1) 例示を表す

① -나 (A)
② -이나 (B)
　A 식사나 (食事でも〈しましょう〉)
　　영화나 (映画でも〈見ようか〉)
　B 냉면이나 (冷麺でも〈食べよう〉)
　　여행이나 (旅行でも〈しよう〉)

(2) 何でも (かまわない)

① -든지 (A)
② -이든지 (B)
　A 어디든지 (どこでも) 누구든지 (誰でも)
　B 무엇이든지 (何でも) 무슨 일이든지 (何事でも)

(3) 〜でも (かまわない)

① -라도 (A)
② -이라도 (B)
　A 저녁때라도 (夕方でも〈かまわない〉)

혼자라도 (1人でも〈かまわない〉)
B 일요일이라도 (日曜日でも〈かまわない〉)
여관이라도 (旅館でも〈かまわない〉)

「〜ぐらい」

- 쯤…程度を表す (A・Bに共通)

얼마쯤 (いくらぐらい／どれぐらい)
언제쯤 (いつごろ)
올 가을쯤 (今年の秋ごろ)
5만 원쯤 (5万ウォンぐらい)

「〜だけ」

- 만…限定を表す (A・Bに共通)

하나만 (1つだけ) 공부만 (勉強〔工夫〕だけ)
한 번만 (1度だけ) 그것만은 (それだけは)

縮約形

韓国語の特徴の1つは、話し言葉で縮約形が使われることです。

이것 (これ) は이거、그것 (それ) は그거、저것 (あれ) は저거、무엇 (何) は뭐と縮約することができます。

이것은 (これは) →이건
그것은 (それは) →그건
저것은 (あれは) →저건

이것이 (これが) → 이게
그것이 (それが) → 그게
저것이 (あれが) → 저게
무엇이 (何が) → 뭐가
이것을 (これを) → 이걸
그것을 (それを) → 그걸
저것을 (あれを) → 저걸
무엇을 (何を) → 뭘
여기는 (ここは) → 여긴
거기는 (そこは) → 거긴
저기는 (あそこは) → 저긴
여기를 (ここを) → 여길
거기를 (そこを) → 거길
저기를 (あそこを) → 저길

❸ 用言と語尾

「〜です」

名詞に「입니다イムニダ」「이에요イエヨ」をつけると「〜です」という意味になります。「입니다イムニダ」は普通に使う丁寧な表現、「이에요イエヨ」は話し言葉で使うくだけた表現で、親しみがありますが、その分だけ丁寧さが薄れます。

また、「입니다イムニダ」「이에요イエヨ」は、母音で終わる単語につくと、それぞれ「ㅂ니다ムニダ」「예요エヨ」に縮まります。

여기ヨギ（ここ）＋입니다イムニダ＝여기입니다ヨギイムニダ
　　　　　　　　　　→여깁니다ヨギムニダ（ここです）
여기ヨギ（ここ）＋이에요イエヨ＝여기이에요ヨギイエヨ
　　　　　　　　　　→여기예요ヨギエヨ（ここです）
저チョ（私）＋입니다イムニダ＝저입니다チョイムニダ
　　　　　　　　　　→접니다チョムニダ（私です）

（「예요」は［エヨ］と発音します。）

子音で終わる単語につくときは縮まることはありませんが、「입니다イムニダ」「이에요イエヨ」が［ギムニダ］［ギエヨ］、［リムニダ］［リエヨ］になるなど、前の単語のパッチムによって発音が変わります。

［ギムニダ］
한국ハーングク〔韓国〕＋입니다イムニダ→한국입니다ハーングギムニダ（韓国です）
［ニムニダ］
일본イルボン〔日本〕＋입니다イムニダ→일본입니다イルボニムニダ（日本です）

[リムニダ]
서울(ソウル)＋입니다→서울입니다(ソウルです)

[ミムニダ]
봄 (春) ＋입니다→봄입니다 (春です)

なお、疑問形「～ですか」は「입니까?」「이에요?」です。「이에요?」は後尾を上げて発音します。

〈用例〉
여기 (ここ)
　여기입니다 / 여기예요.
　여기입니까?/ 여기예요?
이것 (これ)
　이것입니다 / 이것이에요.
　이것입니까?/ 이것이에요?

縮約した表現は次のようになります。
이겁니다 / 이거예요. (これです)
그겁니다 / 그거예요. (それです)
저겁니다 / 저거예요. (あれです)

「～ではありません」

名詞につく「～です」に「입니다」と「이에요」という2つの形があるように、「～ではありません」にも「아닙니다」と「아니에요」という2つの形があります。「아니에요」は話し言葉で使われるくだけた表現です。
「～ではありません」は、母音で終わる単語 (A) につ

くと「-가 아닙니다」「-가 아니에요」、パッチムのある単語（B）につくと「-이 아닙니다」「-이 아니에요」になります。「-가/이」は「が」に当たる助詞ですが、「아닙니다」「아니에요」の前の「-가/이」は「～では」と訳します。疑問形「～ではありませんか」は、「-가/이 아닙니까?」「-가/이 아니에요?」となります。

A
여기가 아닙니다 / 여기가 아니에요.

（ここではありません）
이게 아닙니까? / 이게 아니에요?

（これではありませんか）
제가 아닙니다 / 제가 아니에요.

（私ではありません）
（「私が」は저가ではなく제가と言います。）

B
한국이 아닙니다 / 한국이 아니에요.

（韓国ではありません）
서울이 아닙니다 / 서울이 아니에요.

（ソウルではありません）
봄이 아닙니다 / 봄이 아니에요.

（春ではありません）
（「～でもありません」は「-도 아닙니다」「-도 아니에요」と言います。）

「あります、います」

 存在を表す「あります、います」は「있습니다」「있어요」と言います。日本語と違い、生物・無生物にかかわらず使われます。「있어요」は「있습니다」よりくだけた表現です。疑問形の「있습니까?」「있어요?」は語尾を上げて発音します。

 「있습니다」の［スムニダ］は［スム］としっかり口を閉じてから［ニダ］と言います。「있습니까?」も同じです。

〈用例〉
자전거가 있습니다/있어요.(自転車があります)
지하철이 있습니다/있어요.(地下鉄があります)
이야기가 있습니다/있어요.(話があります)
서울에 친구가 있습니다/있어요.
　(ソウルに友人がいます)
동물원에 판다가 있습니까?/있어요?
　(動物園にパンダがいますか)

 非存在を表す「ありません、いません」は「없습니다」「없어요」と言います。「없습니다」の発音は、［オープ］と口を閉じてから［スムニダ］と続けて発音します。［オッスンニダ］にならないように注意しましょう。「없습니까?」も［オープ］と口を閉じてから［スムニッカ］を発音します。［オッスンニッカ］では、きれいな発音とは言えません。

 話し言葉では「あります、ありますか」「ありません、

ありませんか」の前の「〜は」「〜が」に当たる助詞を省いても通じます。

〈用例〉
일본 신문 있어요? (日本の新聞ありますか)
(イルボン シンムン イッソヨ)
없어요. (ありません)
(オープソヨ)
거기 누가 없어요? (そこに誰かいませんか)
(コギ ヌガ オープソヨ)
아무도 없어요. (誰もいません)
(アームド オープソヨ)

「いらっしゃいます」

「いる」「있다(イッタ)」の尊敬表現「いらっしゃいます」は「계십니다(ケーシムニダ)」です。韓国語では、目上の人については日本語以上に尊敬語を使います。人前で自分の家族のことを話すときも、「祖父はいます」ではなく「祖父はいらっしゃいます」と言います。

「계십니다(ケーシムニダ)」(いらっしゃいます)のくだけた話し言葉は「계세요(ケーセヨ)」です。「계십니까?(ケーシムニッカ)」「계세요?(ケーセヨ)」(いらっしゃいますか)は語尾を上げて発音します。

〈用例〉
할아버지는 방에 계십니다 / 계세요.
(ハラボジヌン パンエ ケーシムニダ ケーセヨ)
(祖父は部屋にいます〈いらっしゃいます〉)

否定表現「いらっしゃいません」は、前に否定を表す「안(アン)」をつけて「안 계십니다(アン ケーシムニダ)」「안 계세요(アン ケーセヨ)」と言います。

〈用例〉
사장님 거기 계십니까?
(サジャンニム コギ ケーシムニッカ)

(社長はそこにいらっしゃいますか)

여기 안 계십니다.(ここにはいらっしゃいません)
(ヨギ アン ゲーシムニダ)

2つの丁寧語尾

韓国語の文末語尾には様々なものがありますが、丁寧な表現としてよく使われるものに「ㅂ니다/습니다」(ムニダ/スムニダ)と「요」(ヨ)の2つがあります。「요」は「ㅂ니다/습니다」(ムニダ/スムニダ)に比べ、より親しみのあるくだけた表現です。

用言は語幹に「다」をつけた形で辞書に載っています。用言の語幹(活用しない部分)には母音語幹、子音語幹、ㄹ語幹の3つがあります。

(1) ㅂ니다/습니다 (ムニダ/スムニダ)

①母音語幹:語幹末が母音の用言

母音語幹の「오다」(オダ)の文末表現は、次のようになります。

버스가 옵니다/ 버스가 와요.(バスが来ます)
(ボスガ オムニダ / ボスガ ワヨ)
비가 옵니까?/ 비가 와요?(雨が降っていますか)
(ビガ オムニッカ / ビガ ワヨ)

　　母音語幹の用言には、これ以外に次のようなものがあります。
가다 (行く) 보다 (見る) 사다 (買う)
(カダ)　　　 (ポダ)　　　(サダ)
타다 (乗る) 쓰다 (書く、使う) 펴다 (広げる)
(タダ)　　　 (ッスダ)　　　　　(ピョダ)
서다 (立つ) 마시다 (飲む) 크다 (大きい)
(ソダ)　　　 (マシダ)　　　 (クダ)

②子音語幹：語幹末が子音の用言

　母音語幹の用言には「ㅂ니다/ㅂ니까」がつきましたが、子音語幹の用言には「습니다/습니까」がつきます。「먹다」を例にとると、次のようになります。
　먹습니다（食べます）먹습니까?（食べますか）

　　子音語幹の用言には、これ以外に次のようなものがあります。
받다（受ける）웃다（笑う）입다（着る）
읽다（読む）앉다（座る）좋다（よい）

③ㄹ語幹：語幹末がㄹの用言

　ㄹ語幹の用言はㄹが脱落し、母音語幹と同じく「ㅂ니다/ㅂ니까」がつきます。「놀다」を例にとると、次のようになります。
　놉니다（遊びます）놉니까?（遊びますか？）

　　ㄹ語幹の用言には、これ以外に次のようなものがあります。
알다（知る）살다（住む）울다（泣く）
밀다（押す）길다（長い）

(2) 요

　次に、話し言葉でよく使われる文末語尾「요」について見てみましょう。

　すでに示したように、「오다（来る）」に「요」がつくと「와요」になりますが、「먹다」に「요」がつくと

「먹어요」になります。この場合は、語幹「먹」に「아요/어요」という形の語尾がついています。「아요」は語幹末母音が「ㅏ」「ㅗ」(陽母音)の用言に、「어요」は語幹末母音が「ㅏ」「ㅗ」以外(陰母音)の用言につきます。

①陽語幹：母音が「ㅏ」「ㅗ」のもの
가다（行く） 가＋아요→가아요
→가요（縮約）（行きます）
보다（見る） 보＋아요→보아요
→봐요（縮約）（見ます）
받다（受ける） 받＋아요→받아요（受けます）
앉다（座る） 앉＋아요→앉아요（座ります）
알다（知る） 알＋아요→알아요（知っています）
놀다（遊ぶ） 놀＋아요→놀아요（遊びます）

②陰語幹：母音が「ㅏ」「ㅗ」以外のもの
서다（立つ） 서＋어요→서어요
→서요（縮約）（立ちます）
쓰다（書く） 쓰＋어요→쓰어요
→써요（縮約）（書きます）
마시다（飲む） 마시＋어요→마시어요
→마셔요（縮約）（飲みます）
웃다（笑う） 웃＋어요→웃어요（笑います）
읽다（読む） 읽＋어요→읽어요（読みます）
밀다（押す） 밀＋어요→밀어요（押します）

※母音語幹で陽語幹の場合は、「아요」がつくと、必ずㅏが縮約されます(가다→가요)。同様に、母音語幹で陰語幹のうち母音がㅓ、ㅕの場合は、「어요」がつくとㅓが縮約されます(서다→서요、펴다→펴요)。

※動詞に「아요/어요」をつけると、「～してくれ」という軽い命令文にもなります。
와요!(来て) 앉아요!(座って) 마셔요!(飲んで)
먹어요!(食べて)

変則活用の用言「～する」

 韓国語にも日本語と同様に変則活用の用言がありますが、「하다(する)」もその1つです。「하다」に語尾「아요/어요」がつくときには、「아요」ではなく「여요」がつき、この「하+여요」がさらに縮約されて「해요」となります。

「하다」は単独で使われるだけでなく、様々な名詞について「하다動詞」や「하다形容詞」を作ります。

(1) 하다動詞

일하다(働く) 집에서 일합니다/일해요.(家で働きます)
공부하다(勉強する) 한국말을 공부합니다/공부해요.(韓国語を勉強します)

(2) 하다形容詞

따뜻하다(暖かい) 날씨가 따뜻합니다/따뜻해요.
   (天気が暖かいです)

친하다(親しい) 나는 김 부장과 친합니다/
   친해요.(私はキム部長と親しいです)

否定の表現

韓国語の否定表現には、用言の前に「안」をつける「안否定」と、語幹に語尾「지 않다」をつける「지 않다否定」との２つがあります。前者は、話し言葉でよく用いられ、後者は書き言葉に多く用いられます。形容詞の場合は、「안否定」は日常生活でよく使われる言葉や、音節数の少ない言葉に限って使われます。

갑니다(行きます)
   안 갑니다/가지 않습니다.(行きません)
가요(行きます)
   안 가요/가지 않아요.(行きません)
먹습니다(食べます)
   안 먹습니다/먹지 않습니다.(食べません)
먹어요(食べます)
   안 먹어요/먹지 않아요.(食べません)
삽니다(住みます)
   안 삽니다/살지 않습니다.(住みません)
살아요(住みます)
   안 살아요/살지 않아요.(住みません)

第3部 韓国語の基本表現

큽니다 (大きいです)
　안 큽니다 / 크지 않습니다. (大きくありません)
커요 (大きいです)
　안 커요 / 크지 않아요. (大きくありません)
아름답습니다 (美しいです)
　― / 아름답지 않습니다. (美しくありません)
아름다워요 (美しいです)
　― / 아름답지 않아요. (美しくありません)
멉니다 (遠いです)
　안 멉니다 / 멀지 않습니다. (遠くありません)
멀어요 (遠いです)
　안 멀어요 / 멀지 않아요. (遠くありません)

ただし、하다動詞の안否定形を作るときは、하다の直前に「안」が入ります。

말합니다 (話します)
　→○말을 안 합니다. (話しません)
　×안 말합니다.
공부합니다 (勉強します)
　→○공부를 안 합니다. (勉強しません)
　×안 공부합니다.

不可能の表現

　韓国語の不可能表現には、用言の前に「못」をつける「못不可能形」と、語幹に語尾「지 못하다」をつける「지 못하다不可能形」の2つがあります。「하다」の

前に「못」のついた「못하다」は、韓国では1つの単語として扱われているので、例外的に「못」を分かち書きしません。また、「못」はつまる音「t」で終わりますから、次にくる単語によって発音が変化します。

갑니다 (行きます)
　못 갑니다 / 가지 못합니다. (行けません)
가요 (行きます)
　못 가요 / 가지 못해요. (行けません)
먹습니다 (食べます)
　못 먹습니다 / 먹지 못합니다.
　(食べられません)
먹어요 (食べます)
　못 먹어요 / 먹지 못해요. (食べられません)

丁寧な命令形

「십시오」は日本語にはない丁寧な命令形の語尾で、そのくだけた表現が「세요 / 으세요」です。動詞について「～してください」の意味になります。

(1) 母音語幹＋십시오 / 세요

　이리 오십시오 / 이리 오세요.
　(こちらへ来てください)
　저리 가십시오 / 저리 가세요.
　(あちらへ行ってください)

(2) 子音語幹＋으십시오 / 으세요

여기 ^{ヨギ} 앉으십시오 ^{アンジュシプシオ} / 여기 ^{ヨギ} 앉으세요 ^{アンジュセヨ}.

　　（ここに座ってください）

이걸 ^{イゴル} 입으십시오 ^{イプシプシオ} / 이걸 ^{イゴル} 입으세요 ^{イプセヨ}.

　　（これを着てください）

(3) ㄹ語幹＋십시오 ^{シプシオ} / 세요 ^{セヨ}

　　（ㄹが脱落し母音語幹と同じ語尾がつく）

안으로 ^{アヌロ} 미십시오 ^{ミーシプシオ} / 안으로 ^{アヌロ} 미세요 ^{ミーセヨ}.

　　（中へ押してください）

그렇게 ^{クロケ} 아십시오 ^{アーシプシオ} / 그렇게 ^{クロケ} 아세요 ^{アーセヨ}.

　　（そのように心得てください）

(4) 하다 ^{ハダ} 動詞＋십시오 ^{シプシオ} / 세요 ^{セヨ}

천천히 ^{チョーンチョニ} 말하십시오 ^{マーラシプシオ} / 천천히 ^{チョーンチョニ} 말하세요 ^{マーラセヨ}.

　　（ゆっくり話してください）

잘 ^{チャル} 생각하십시오 ^{センガカシプシオ} / 잘 ^{チャル} 생각하세요 ^{センガカセヨ}.

　　（よく考えてください）

指し示す言葉

指示語	例
イ 이(この)	イゴッ 이것(これ) イ サーラム 이 사람(この人) イッチョク 이쪽(こちら)
ク 그(その)	クゴッ 그것(それ) ク サーラム 그 사람(その人) クッチョク 그쪽(そちら)
チョ 저(あの)	チョゴッ 저것(あれ) チョ サーラム 저 사람(あの人) チョッチョク 저쪽(あちら)
オヌ 어느(どの)	オヌ ゴッ 어느 것(どれ) オヌ サーラム 어느 사람(どの人) オヌッ チョク 어느 쪽(どちら)
イリ 이리(こちらへ)	イリ オセヨ 이리 오세요.(こちらへ来てください)
クリ 그리(そちらへ)	クリ カセヨ 그리 가세요.(そちらへ行ってください)
チョリ 저리(あちらへ)	チョリ カセヨ 저리 가세요.(あちらへ行ってください)

尊敬形など

用言の尊敬形、過去形、意志形・推量形は、語幹にそれぞれの意味を表す補助語幹をつけて表します（複数の補助語幹がつく場合、尊敬、過去、意志・推量の順になります）。

(1) 尊敬形「시/으시」

①가다（行く・母音語幹）＋시

ハラボジガ カシムニダ ハラボジガ カセヨ
할아버지가 가십니다 / 할아버지가 가세요.
（祖父が行かれます）
ハラボジガ カシムニッカ ハラボジガ カセヨ
할아버지가 가십니까?/ 할아버지가 가세요?
（祖父が行かれますか）

할아버지는 안 가십니다/할아버지는 안 가세요.

　(祖父はお行きになりません)

할아버지는 가지 않으십니다/할아버지는 가지 않으세요.(祖父はお行きになりません)

②읽다（読む・子音語幹）＋으시

할머니가 책을 읽으십니다/읽으세요.

　(祖母が本を読んでいらっしゃいます)

할머니가 책을 읽으십니까?/읽으세요?

　(祖母が本を読んでいらっしゃいますか)

할머니는 책을 안 읽으십니다/안 읽으세요.

　(祖母は本を読んでいらっしゃいません)

할머니는 책을 읽지 않으십니다/읽지 않으세요.

　(祖母は本を読んでいらっしゃいません)

③살다（住む・ㄹ語幹）＋시（ㄹは脱落）

선생님이 사십니다/선생님이 사세요.

　(先生が住んでいらっしゃいます)

선생님이 사십니까?/선생님이 사세요?

　(先生が住んでいらっしゃいますか)

선생님은 안 사십니다/선생님은 안 사세요.

　(先生は住んでいらっしゃいません)

선생님은 살지 않으십니다/선생님은 살지 않으세요.(先生は住んでいらっしゃいません)

次の単語は尊敬語なので、尊敬の補助語幹をつけることはありません。

잡수시다（召し上がる）＝먹다（食べる）の敬語
주무시다（お休みになる）＝자다（寝る）の敬語
돌아가시다（亡くなる）＝죽다（死ぬ）の敬語
계시다（いらっしゃる）＝있다（いる）の敬語

(2) 過去形「았/었」

「아/어요」と同じく、陽語幹には「았」、陰語幹には「었」をつけて過去形を作ります。

母音語幹の縮約は「아/어요」形の場合と同じです。

①陽語幹＋았…母音語幹は縮約

오다（来る）왔다（来た）
아침에 비가 왔다.（朝、雨が降った）
아침에 비가 왔습니다/왔어요.
　（朝、雨が降りました）
비가 왔습니까?/왔어요?（雨が降りましたか）
비는 안 왔습니다/안 왔어요.
　（雨は降りませんでした）
언제 오셨습니까?/오셨어요?
　（いついらっしゃいましたか）
가다（行く）갔다（行った）
갔습니다（行きました）
살다（住む）살았다（住んだ）
살았습니다（住みました）

놓다（置く）놓았다（置いた）
놓았습니다（置きました）

②陰語幹＋었…母音語幹は縮約

마시다（飲む）마셨다（飲んだ）
술을 마셨습니다/마셨어요.（酒を飲みました）
술을 마셨습니까?/마셨어요?
　（酒を飲みましたか）
술을 안 마셨습니다/안 마셨어요.
　（酒を飲みませんでした）
늦다（遅い）늦었다（遅かった）
늦었어요?（遅かったですか）
웃다（笑う）웃었다（笑った）
웃었어요?（笑いましたか）
있다（ある）있었다（あった）
있었어요?（ありましたか）

③하다用言＋였…縮約は「했」

하다（する）하였다＝했다（した）
운동을 했다.（運動をした）
운동을 했습니다/했어요.（運動をしました）
운동을 했습니까?/했어요?（運動をしましたか）
운동을 안 했습니다/안 했어요.
　（運動をしませんでした）
운동을 하셨습니까?/하셨어요?

(運動をなさいましたか)
말하다 (言う) 말했다 (言った)
말했어요. (言いました)
공부하다 (勉強する) 공부했다 (勉強した)
공부했어요. (勉強しました)

(3) 意志・推量形「겠」

語幹の種類にかかわらず、「겠」をつけます。

①意志 (するつもり)

숙제는 내일 하겠다. (宿題は明日するつもりだ)
지하철로 가겠습니다. (地下鉄で行くつもりです)
저녁은 불고기를 먹겠습니다.
　　(夕食は焼き肉を食べるつもりです)

②推量

내일은 비가 오겠습니다.
　　(明日は雨が降るでしょう)
피곤하시겠습니다. (お疲れでしょう)
재미있었겠습니다. (面白かったでしょう)

第4部 こんなときの一言・韓国語会話練習

釜山市内のバス停留所

❶ 返事「はい、いいえ」

 軽く肯定する返事は「네ネ」、否定するときの返事は「아뇨アーニョ」です。「はい」は「예イェー」、「いいえ」は「아닙니다アニムニダ」というのが正式の返事ですが、ぐっとかしこまった場面を除いては「네ネ」「아뇨アーニョ」でかまいません。会話を早く身につけたい人は、「네ネ」「아뇨アーニョ」から始めるといいでしょう。

 韓国語で話しかけられたときはもちろん、日本語で話しかけられたときでも、韓国語を知っている人には「네ネ」「아뇨アーニョ」と返事をしてみてください。言葉のタイミングが合ってくるし、何よりも違和感が取れ自然に使えるようになります。言われた人も、あなたへの親近感がぐっと増すでしょう。「네ネ」「아뇨アーニョ」は思っている以上の効果があります。

 日本語と同様に、「네ネ」と肯定するときは首を縦に振ってうなずき、「아뇨アーニョ」は首を横に振ります。

「ネ」を少し伸ばして「ネェ〜」と言うと「なるほど」、「ネ、ネ」と重ねると「よくわかった」の意味になります。また、短く切って「ネ?」と語尾を上げると「もう一度言ってください」という意味になります。

 もっと丁寧に言うときは、「네, 그렇습니다ネ クロッスムニダ」(はい、そうです)、「아뇨, 아닙니다アーニョ アニムニダ」(いいえ、違います) と言います。「그렇습니다」の発音は[クロッスム]でいっ

第4部　こんなときの一言・韓国語会話練習

たん口を閉じて［ニダ］を言います。［クロッスンニダ］［クロッスミダ］にならないようにしましょう。「아닙니다」も［アニム］と口を閉じてから［ニダ］を続けます。［アニンニダ］ではありません。

〈用例〉
① A 김상희 씨.(キムサンヒさん)
　　　キムサンヒ　ッシ
　 B 네.(はい)
　　　ネ
② A 일본 사람이에요?(日本人ですか)
　　　イルボン　サーラミエヨ
　 B 아뇨, 아닙니다.(いいえ、違います)
　　　アーニョ　アニムニダ
③ A 한국 사람이에요?(韓国人ですか)
　　　ハーングク　サーラミエヨ
　 B 네, 그렇습니다.(はい、そうです)
　　　ネ　クロッスムニダ

❷ 出会いのあいさつ

「안녕하십니까?」の直訳は「安寧でいらっしゃいますか」、すなわち「お元気ですか」です。朝昼晩いつでも使えます。初めて会った人にも、再会した人にも、誰にでも使える便利なあいさつです。返事もおうむ返しに言えばいいのです。NHKの語学番組「ハングル講座」の題名にもなっていて、日本でも広く知られている言葉です。［アンニョンハシム］と口をしっかり閉じてから［ニッカ］と言います。［アンニョンハシンニッカ］

[アンニョンハシミッカ]では、きれいな発音とは言えません。

「안녕하세요?」という表現もあります。これは「안녕하십니까?」のくだけた表現です。文法的には、語尾の「십니까?」が「세요?」に変わった形です。「안녕하세요?」は初対面の人に対しても使えますが、男性が口にするには少し軽すぎる気がします。

あいさつを韓国語で「인사〔人事〕」と言います。人の行うべきことという意味です。韓国人はあいさつを大切にします。あいさつをするからには、心の込もったあいさつでなければならないと思っているので、極端に言うとあいさつをしたくない人にはしないのです。ですから、韓国人にきちんとあいさつするには「안녕하십니까?」と言って、相手の目を見ることが大切です。

短いあいさつとして「안녕?」という表現もあります。もともと「안녕?」は幼児に対して「バイバイ」の意味で使われていた言葉ですが、使い方が変わり、親しい人同士が軽く交わすあいさつとしても使われるようになりました。「안녕하십니까?」が「안녕하세요?」になって、さらに「안녕?」になったわけですが、私は「안녕하십니까?」が最もふさわしい出会いのあいさつだと思っています。

〈用例〉
① A 안녕하십니까?(こんにちは)
  B 네, 안녕하십니까?(はい、こんにちは)
② A 선생님 안녕하십니까?(先生、こんにちは)

　　　　　　ヨロブン　　　アンニョンハシムニッカ
　　B 여러분 안녕하십니까?(皆さん、こんにちは)
　　　　アンニョンハセヨ
③　A 안녕하세요?(こんにちは)
　　　　ネ　アンニョンハセヨ
　　B 네,안녕하세요?(はい、こんにちは)

　　　　　　　　　　　　　　　　　　　　　オレガンマニムニダ
なお、久しぶりに会った人には、「오래간만입니다」
(お久しぶりです)と言います。親しみを込めて言うと
　　　　オレガンマニエヨ　　　　　　　イムニダ　　　　　イエヨ
きには「오래간만이에요」と、「입니다」を「이에요」
に換えます。

〈用例〉
　　　ソンセンニム　　　オレガンマニムニダ
　A 선생님 오래간만입니다.(先生、お久しぶりです)
　　　ヨロブン　　　オレガンマニエヨ
　B 여러분 오래간만이에요.(みなさん、お久しぶり
　　です)

　　　　　　　　　　　　　　　　　　　　　オソ　　オシプシオ
　人を歓迎するときのあいさつは、「어서 오십시오」
(早くいらっしゃい＝いらっしゃいませ)で、親しみを
　　　　　　　　　　　オソ　オセヨ
込めた表現は「어서 오세요」です。
　　パンガプスムニダ
「반갑습니다」(会えて嬉しいです)は、心から歓迎す
るという意味で、韓国人のよく使う喜びのあいさつで
す。

❸ 別れのあいさつ

　韓国語には2つの「さようなら」があります。居残る人が立ち去る人に言う「안녕히 가십시오」と、立ち去る人が居残る人に言う「안녕히 계십시오」です。

A 안녕히 가십시오（元気で行ってください）
・居残る人が、立ち去って行く人に言う。
・外で別れるとき、お互いに言う。

B 안녕히 계십시오（元気でいてください）
・立ち去る人が居残る人に言う。
・電話や手紙で使う。

　日本語では1つしかない「さようなら」を2つに使い分けて言うことは、思ったほど簡単ではないようです。久しぶりに会った日本人が私と別れるとき、「안녕히」まではすぐ出るのですが、次に「가십시오」と言ったかと思うと「계십시오」と言い換えて、結局「どっちだっけ」と頭を掻くことがままあります。「元気で」の「안녕히」（安寧に）はともかく、「가십시오」が「行ってください」で、「계십시오」が「いてください」だという区別がとっさにつくようになるまでには時間がかかります。

この「さようなら」のように表現が2通りある場合、まずどちらか1つの言い方だけを覚えることがコツです。1つの「さようなら」が間違いなく言えるようになると、もう1つの「さようなら」も自然に使えるようになります。

なお、親しみを込めて言う「さようなら」は、

A 안녕히 가세요.
<ruby>アンニョンイ カセヨ</ruby>
B 안녕히 계세요.
<ruby>アンニョンイ ケーセヨ</ruby>

です。また、親しい友達や目下の人に対しては、

A 잘 가.
<ruby>チャル カ</ruby>
B 잘 있어.
<ruby>チャル イッソ</ruby>

と言います。

〈用例〉
① A 안녕히 가십시오.
  (さようなら・見送る人が言う)
  B 안녕히 계십시오.
  (さようなら・居残る人に言う)
② A 안녕히 가세요.
  (さようなら・見送る人が親しみを込めて言う)
  B 안녕히 계세요.
  (さようなら・居残る人に親しみを込めて言う)
③ A 잘 가.
  (さようなら・目下の人を見送るときに言う)
  B 잘 있어.
  (さようなら・居残る目下の人に言う)

④ 感謝・謝罪など

　日本語の「どうも」「どうぞ」「すみません」「よろしく」のような便利な一言は韓国語にはあまりありませんが、これからご紹介するいろいろな表現は、とっさに使える一言です。意味を正しく覚えて、場面場面で的確に使ってみてください。

感謝する
「ありがとうございます」という表現は「감사합니다」_{カームサハムニダ}と「고맙습니다」_{コーマプスムニダ}の2つがあります。「감사합니다」_{カームサハムニダ}は「感謝します」という漢字語の表現、「고맙습니다」_{コーマプスムニダ}は固有語の表現です。「감사합니다」_{カームサハムニダ}は社会生活の中で、「고맙습니다」_{コーマプスムニダ}は家庭や親しい人同士でよく使われます。

　なお、「고맙습니다」_{コーマプスムニダ}のくだけた表現で「고마워요」_{コーマウォヨ}がありますが、これは目下の人へ軽く言う「ありがとう」で、目上の人に対しては使えません。

謝罪する
　謝罪の言葉は「미안합니다」_{ミアナムニダ}（すみません）です。「미안합니다」_{ミアナムニダ}は、日本語の「すみません」のように人に声をかけるときなどには使いません。人の足を踏んだとき、約束の時間に遅れたとき、空港で旅行鞄を取

り間違えたときなど、本当に謝罪しなければならないときに使う言葉です。目上の人には「죄송합니다」(チューソンハムニダ)(申し訳ありません)と言うと、より丁寧です。

なお、「미안해요」(ミアネヨ)「죄송해요」(チェーソンヘヨ)というくだけた表現もありますが、これも目上の人が目下に対して使う言葉です。感謝や謝罪の気持ちを丁寧に表すときには、「합니다」(ハムニダ)の形を使うのがよいでしょう。

「실례했습니다」(シルレヘッスムニダ)(失礼しました)という表現もあります。これは日本語の「失礼しました」とまったく同じ意味で使います。人にぶつかったとき、名前を間違えたときなどに詫びる一言です。「실례했습니다」(シルレヘッスムニダ)は、「실례합니다」(シルレハムニダ)(失礼します)の過去形表現です。

この「실례합니다」(シルレハムニダ)(失礼します)も日本語と同じ場面で使います。席を中座するとき、人の間を通るとき、人を呼び止めるときなどです。

「どういたしまして」

「천만에요」(チョンマネヨ)(どういたしまして)。人から礼や詫びを言われたときに、丁寧に打ち消すあいさつ言葉です。これは、「천만의 말씀입니다」(チョンマネ マールッスムニダ)(千万のお言葉です)の縮約形です。

〈用例〉

① A 어제는 대단히 실례했습니다.
(オジェヌン テダニ シルレヘッスムニダ)
(昨日は大変失礼しました)
B 천만에요.(チョンマネヨ)(どういたしまして)

② A 폐를 끼쳤습니다.(ペルル ッキチョッスムニダ)(ご迷惑をかけました)
B 천만에요.(チョンマネヨ)(どういたしまして)

「大丈夫です」

「大丈夫です、かまいません」に当たる表現は「괜찮습니다」(ケンチャンスムニダ)(大丈夫です、かまいません)で、くだけた表現は「괜찮아요」です。「괜찮습니까?」(ケンチャンスムニッカ)(大丈夫ですか)は尋ねるときの言葉。「괜찮아요?」(ケンチャナヨ)は語尾を上げて言います。

「寒くないですか」と言われて「괜찮아요」(ケンチャナヨ)、「お疲れでしょう」と言われて「괜찮아요」(ケンチャナヨ)、いずれも心配しないでくれという意味です。また、何かを勧められて断るときの「ノーサンキュー」に当たる使い方もあります。

〈用例〉
① A 김치가 맵지 않아요? (キムチガ メプチ アナヨ)
　　(キムチが辛くありませんか)
　B 괜찮아요. (ケンチャナヨ)(大丈夫です)
② A 앉아도 괜찮아요? (アンジャド ケンチャナヨ)(座ってもかまいませんか)
　B 괜찮아요. (ケンチャナヨ)(かまいません)
③ A 한 잔 더 드세요. (ハン ジャン ト トゥセヨ)(もう1杯、どうぞ)
　B 괜찮아요. (ケンチャナヨ)(結構です)

同意する

「그래요」(クレヨ)(そうです)は「그렇습니다」(クロスムニダ)のくだけた形です。相槌を打つときにも使います。語尾を上げて「그래요?」(クレヨ)と言うと「そうですか」の意味になり、「그렇죠」(クロッチョ)と強く言うと「そうでしょう／」と念を押す言葉になります。「그럼요」(クロムニョ)は「물론이에요」(ムルロニエヨ)(もちろんですよ)と同じく「言うまでもありません」という

意味です。

〈用例〉
① A 건강이 제일이에요. (健康が第一ですよ)
　　　コーンガンイ　チェーイリエヨ
　B 그래요. (そうですよ)
　　　クレヨ
② A 서울도 더워요. (ソウルも暑いです)
　　　ソウルド　トウォヨ
　B 그래요? (そうですか)
　　　クレヨ
③ A 내일도 오시죠?
　　　ネイルド　オシジョ
　　(明日もいらっしゃるでしょう？)
　B 그럼요. (もちろんですよ)
　　　クロムニョ

思案する

「글쎄요」(そうですね) は、はっきり返事ができないで思案するときや、相手の言っていることを肯定し同調するときに使います。
　クルッセヨ

〈用例〉
① A 시간이 얼마나 걸려요?
　　　シガニ　オールマナ　コルリョヨ
　　(時間はどれぐらいかかりますか)
　B 글쎄요. (そうですね)
　　　クルッセヨ
② A 내일도 또 비가 온대요.
　　　ネイルド　ット　ビガ　オンデヨ
　　(明日もまた雨ですって)
　B 글쎄요. (うんざりですよ)
　　　クルッセヨ

❺ 尋ねる

何であるかを尋ねる

〈用例〉
① 무엇입니까?/ 뭐예요?(何ですか)
   ムオシムニッカ　ムォーエヨ
② 이것이 무엇입니까?/ 이게 뭐예요?
   イゴシ　ムオシムニッカ　イゲ　ムォーエヨ
   (これは何ですか)
③ 이름이 무엇입니까?/ 이름이 뭐예요?
   イルミ　ムオシムニッカ　イルミ　ムォーエヨ
   (名前は何ですか)
④ 한국말로 무엇이라고 합니까?/한국말로 뭐라고
   ハーングンマールロ　ムオシラゴ　ハムニッカ　ハーングンマールロ　ムォーラゴ
   해요?(韓国語で何と言いますか)
   ヘヨ
⑤ 무엇이 좋습니까?/ 뭐가 좋아요?
   ムオシ　チョーッスムニッカ　ムォーガ　チョーアヨ
   (何がいいですか)
⑥ 무엇을 드시겠습니까?/ 뭘 드시겠어요?
   ムオスル　トゥシゲッスムニッカ　ムォール　トゥシゲッソヨ
   (何を召し上がりますか)

場所について尋ねる

〈用例〉
① 어디입니까?/ 어디예요?(どこですか)
   オディムニッカ　オディエヨ
② 어디에 있습니까?/ 어디 있어요?
   オディエ　イッスムニッカ　オディ　イッソヨ
   (どこにありますか)
③ 어디에서 팝니까?/ 어디서 팔아요?
   オディエソ　パムニッカ　オディソ　パラヨ
   (どこで売っていますか)
④ 어디에서 왔습니까?/ 어디서 왔어요?
   オディエソ　ワッスムニッカ　オディソ　ワッソヨ

第4部　こんなときの一言・韓国語会話練習

(どこから来ましたか)
⑤ 어디가 좋습니까?/ 어디가 좋아요?
　（オディガ チョーッスムニッカ / オディガ チョーアヨ）

(どこがいいですか)

・「어디에」(どこに) の「에」、「어디에서」(どこで、どこから) の「에」は省くこともできます。

人について尋ねる

〈用例〉
① 누구입니까?/ 누구예요?(誰ですか)
　（ヌグムニッカ / ヌグエヨ）
② 누구 것입니까?/ 누구 것이에요?
　（ヌグ ゴシムニッカ / ヌグ ゴシエヨ）

(誰のものですか)
③ 누구를 찾으십니까?/ 누구를 찾으세요?
　（ヌグルル チャジュシムニッカ / ヌグルル チャジュセヨ）

(誰を捜していらっしゃいますか)
④ 누구에게 물어 보면 됩니까?/누구에게 물어 보면 돼요?(誰に聞けばいいですか)
　（ヌグエゲ ムロ ボミョン テームニッカ / ヌグエゲ ムロ ボミョン テーヨ）
⑤ 누구한테서 들었습니까?/누구한테서 들었어요?
　（ヌグハンテソ トゥロッスムニッカ / ヌグハンテソ トゥロッソヨ）

(誰から聞きましたか)
⑥ 누가 찾아왔습니까?/ 누가 찾아왔어요?
　（ヌガ チャジャワッスムニッカ / ヌガ チャジャワッソヨ）

(誰が訪ねてきましたか)

時について尋ねる

〈用例〉
① 언제입니까?/ 언제예요?(いつですか)
　（オーンジェムニッカ / オーンジェエヨ）
② 언제 출발합니까?/ 언제 출발해요?
　（オーンジェ チュルバラムニッカ / オーンジェ チュルバレヨ）

(いつ出発しますか)
③ 언제부터입니까?/ 언제부터예요?
　（オーンジェブトムニッカ / オーンジェブトエヨ）

(いつからですか)

④ 언제까지입니까?/ 언제까지예요?
　　オーンジェッカジムニッカ　　オーンジェッカジエヨ

　(いつまでですか)

量・値段などについて尋ねる

〈用例〉
① 얼마입니까?/ 얼마예요?(いくらですか)
　　オールマムニッカ　　オールマエヨ
② 얼마나 합니까?/ 얼마나 해요?
　　オールマナ　ハムニッカ　　オールマナ　ヘヨ

　(いくらぐらいしますか)
③ 얼마씩입니까?/ 얼마씩이에요?
　　オールマッシギムニッカ　　オールマッシギエヨ

　(1つ、いくらですか)
④ 시간이 얼마나 걸립니까?/시간이 얼마나 걸려요?
　　シガニ　オールマナ　コルリムニッカ　　シガニ　オールマナ　コルリョヨ

　(時間がどれぐらいかかりますか)

数を尋ねる

〈用例〉
① 몇 시입니까?/ 몇 시예요?(何時ですか)
　　ミョッ　シムニッカ　　ミョッ　シエヨ
② 몇 개입니까?/ 몇 개예요?(何個ですか)
　　ミョッ　ケムニッカ　　ミョッ　ケエヨ
③ 몇 번입니까?/ 몇 번이에요?(何番ですか)
　　ミョッ　ボニムニッカ　　ミョッ　ボニエヨ
④ 몇 월입니까?/ 몇 월이에요?(何月ですか)
　　ミョドゥォリムニッカ　　ミョドゥォリエヨ
⑤ 며칠입니까?/ 며칠이에요?(何日ですか)
　　ミョチリムニッカ　　ミョチリエヨ

いくつかの中から任意のものを尋ねる

① 어느 것입니까?/ 어느 것이에요?(どれですか)
　　オヌ　ゴシムニッカ　　オヌ　ゴシエヨ
② 어느 사람입니까?/ 어느 사람이에요?
　　オヌ　サーラミムニッカ　　オヌ　サーラミエヨ

　(どの人ですか)
③ 어느 나라입니까?/ 어느 나라예요?
　　オヌ　ナラムニッカ　　オヌ　ナラエヨ

　(どこの国ですか)

内容・種類を尋ねる

〈用例〉
① 무슨 요일입니까?/ 무슨 요일이에요?
   <ruby>ムスン<rt></rt></ruby> <ruby>ニョイリムニッカ<rt></rt></ruby>   <ruby>ムスン<rt></rt></ruby> <ruby>ニョイリエヨ<rt></rt></ruby>

   (何曜日ですか)
② 무슨 얘기입니까?/ 무슨 얘기예요?
   ムスン ニェーギムニッカ   ムスン ニェーギエヨ

   (何のお話ですか)
③ 무슨 날입니까?/무슨 날이에요?(何の日ですか)
   ムスン ナリムニッカ   ムスン ナリエヨ
④ 무슨 꽃입니까?/무슨 꽃이에요?(何の花ですか)
   ムスン ッコチムニッカ   ムスン ッコチエヨ

理由を尋ねる

〈用例〉
① 왜요?(なぜですか)
   ウェーヨ
② 왜 안됩니까?/ 왜 안돼요?(なぜだめなのですか)
   ウェー アンデムニッカ   ウェー アンデヨ
③ 왜 못 갑니까?/왜 못 가요?(なぜ行けないのですか)
   ウェーモッ カムニッカ   ウェーモッ カヨ

方法を尋ねる

〈用例〉
① 어떻게 합니까?/ 어떻게 해요?(どうしますか)
   オットケ ハムニッカ   オットケ ヘヨ
② 어떻게 갑니까?/ 어떻게 가요?
   オットケ カムニッカ   オットケ カヨ

   (どうやって行きますか)
③ 어떻게 먹습니까?/ 어떻게 먹어요?
   オットケ モクスムニッカ   オットケ モゴヨ

   (どうやって食べますか)

特定できないことを述べる

〈用例〉
① 아무도 없습니다./ 아무도 없어요.
   アームド オープスムニダ   アームド オープソヨ

   (誰もいません)

② 아무 것도 아닙니까?/ 아무 것도 아니에요?
　(何でもありませんか)

❻ 勧める、誘う

「～なさったら」

〈用例〉

① A 짐을 여기다 맡기시죠!
　　(荷物をここに預けられたら)
　B 아뇨, 가지고 있겠어요.(いや、持っています)
② A 좀 쉬시죠!(少し、お休みになったら)
　B 네, 그렇게 하죠.(ええ、そうしましょう)
③ A 맥주 한 잔 더 하시죠!
　　(ビールをもう1杯いかがですか)
　B 됐어요. 많이 마셨어요.
　　(もう結構です。たくさん飲みました)

「～しましょうか」

〈用例〉

① A 축구 구경 가실까요?
　　(サッカー見物に行きましょうか)
　B 그렇게 해요.(そうしましょう)

② A 불고기 하나 더 시킬까요?
   (焼き肉をもう1皿注文しましょうか)
   B 시키죠.(頼みましょう)
③ A 토요일로 예약할까요?
   (土曜日に予約しましょうか)
   B 일요일이 좋아요.(日曜日がいいです)

「いかがですか」

〈用例〉
① A 맥주는 어떻습니까?(ビールはいかがですか)
   B 좋습니다.(いいです=いただきます)
② A 홍차는 어떠세요?(紅茶はいかがですか)
   B 네, 들겠어요.(はい、いただきます)
③ A 아이스크림은 어때요?
   (アイスクリームはいかがですか)
   B 아이스크림은 안 먹어요.
   (アイスクリームは食べません)

❼ 依頼する

「お願いします」

〈用例〉

① 이걸 부탁합니다.(これをお願いします)
② 잘 부탁합니다.(よろしくお願いします)
③ 이 짐을 항공편으로 부탁합니다.
   (この荷物を航空便でお願いします)

「〜してください」

〈用例〉
① 아침 일곱시에 깨워 주십시오.
   (朝7時に起こしてください)
② 메뉴를 보여 주세요.
   (メニューを見せてください)
③ 한국 돈으로 바꿔 주세요.
   (韓国のお金に替えてください)

❽ 断る

「だめです」

〈用例〉
① A 좀 더 싸게 안 됩니까?
     (もう少し安くなりませんか)
  B 안됩니다.(だめです)
② A 오후에는 어때요? 시간 있어요?

(午後はいかがですか。時間がありますか)

B 오후에도 안돼요. 바빠요.
   (オーフエド アンデヨ パッパヨ)

(午後もだめです。忙しいです)

「～してはいけません、～しないとだめです」

〈用例〉
① A 여기서 담배 피우면 안됩니다.
   (ヨギソ タームベ ピウミョン アンデムニダ)

   (ここでたばこを吸ってはいけません)

   B 저쪽도 안돼요?(あっちもだめですか)
   (チョッチョクト アンデヨ)

② A 어떻게 안 됩니까?(なんとかなりませんか)
   (オットケ アン デムニッカ)

   B 위에서 OK하지 않으면 안됩니다.
   (ウィエソ オーケイハジ アヌミョン アンデムニダ)

   (上でOKしないとだめです)

「できません」

〈用例〉
① A 이거 날로 먹을 수 있어요?
   (イゴ ナルロ モグル ッス イッソヨ)

   (これ、生で食べられますか)

   B 날로는 먹을 수 없습니다.
   (ナルロヌン モグル ッス オープスムニダ)

   (生では食べられません)

② A 이 표 쓸 수 없습니까?
   (イ ピョ ッスル ッス オープスムニッカ)

   (このチケット使えませんか)

   B 쓸 수 없어요.(使えません)
   (ッスル ッス オープソヨ)

❾ 希望を述べる

「したいです」

〈用例〉
① 박 사장님을 만나고 싶어요.
(パク社長に会いたいです)
② 한식이 먹고 싶어요. (韓国料理が食べたいです)
③ 여기 더 있고 싶어요. (もっとここにいたいです)

❿ 許可を求める

「～してもいいですか」

〈用例〉
① A 집에 가도 돼요?(家に帰ってもいいですか)
B 집에 가셔도 돼요.
(家にお帰りになってもいいです)
② A 여기 앉아도 돼요?
(ここに座ってもいいですか)
B 네, 앉으셔도 돼요.

(ええ、お座りになってもいいです)

⑪ 禁止する

「〜しないでください」

〈用例〉
① 다음 역에서 내리지 마세요.
　　タウム　ヨゲソ　ネリジ　マーセヨ

(次の駅で降りないでください)

② 여기엔 손을 대지 마세요.
　　ヨギエン　ソヌル　テージ　マーセヨ

(ここには手を触れないでください)

③ 그런 말 하지 마세요.
　　クロン　マール　ハジ　マーセヨ

(そんなこと言わないでくさい)

「〜しないで〜してください」

〈用例〉
① 이거 버리지 마시고 가지고 계세요.
　　イゴ　ボリジ　マーシゴ　カジゴ　ケーセヨ

(これは捨てないで持っていてください)

② 택시 타지 마시고 지하철을 타세요.
　　テクシ　タジ　マーシゴ　チハチョルル　タセヨ

(タクシーに乗らないで地下鉄に乗ってください)

③ 잠자코 있지 마시고 한 마디 하세요.
　　チャムジャコ　イッチ　マーシゴ　ハン　マディ　ハセヨ

(黙っていないで一言おっしゃってください)

⑫ 欲しい物を買う

「ください」

〈用例〉
① 필름 하나 주세요.(フィルム1本ください)
　　ピルルム　ハナ　チュセヨ
② 맥주 한 병 더 주세요.
　　メクチュ　ハン ビョン　ト　チュセヨ

（ビールをもう1本ください）
③ 광주까지 어른 편도 한 장 주세요.
　　クァンジュッカジ　オールン　ピョンド　ハン　ジャン　チュセヨ

（光州まで大人片道1枚ください）

⑬ 位置

位置を示す言葉

位置を示す単語を覚えましょう。

앞 (前) 뒤 (後ろ) 위 (上) 아래 (下) 밑 (真下)
アプ　　　トゥィ　　　　ウィ　　　アレ　　　　ミッ
옆 (横) 안 (内、中) 속 (中、奥) 밖 (外)
ヨプ　　アン　　　　　ソーク　　　　　　パク
왼쪽 (左側) 오른쪽 (右側) 가운데 (中間)
ウェーンッチョク　　オルンッチョク　　　カウンデ

なお、位置を示す言葉が他の言葉の後につくときは、「의・の」は省きます。たとえば、「駅の前」は「역의 앞(アプ)」ではなく「역 앞(ヨガプ)」と言います。

〈用例〉
① A 우체국이 어디 있습니까?
　　(ウチェグギ オディ イッスムニッカ)
　　(郵便局はどこにありますか)
　 B 역 앞에 있습니다.(駅の前にあります)
　　(ヨガペ イッスムニダ)
② A 도서관이 어디 있습니까?
　　(トソグァニ オディ イッスムニッカ)
　　(図書館はどこにありますか)
　 B 학교 뒤에 있습니다.(学校の裏にあります)
　　(ハッキョ トゥィーエ イッスムニダ)
③ A 전화가 어디 있습니까?
　　(チョーノァガ オディ イッスムニッカ)
　　(電話はどこにありますか)
　 B 책상 위에 있습니다.(机の上にあります)
　　(チェクサン ウィエ イッスムニダ)
④ A 화장실이 어디 있습니까?
　　(ファジャンシリ オディ イッスムニッカ)
　　(トイレはどこにありますか)
　 B 계단 아래 있습니다.(階段の下にあります)
　　(ケダン アレ イッスムニダ)
⑤ A 매점은 어디 있어요?
　　(メージョムン オディ イッソヨ)
　　(売店はどこにありますか)
　 B 이 밑에 있습니다.(このすぐ下にあります)
　　(イ ミテ イッスムニダ)

⓮ 食事を注文する

レストランにて

〈用例〉

① A 뭐가 맛있어요?(何が美味しいですか)
   B 돌솥 비빔밥이 맛있어요.
   (石焼きビビンバが美味しいです)
② A 메뉴를 보여 주세요.
   (メニューを見せてください)
   B 여기 있습니다.(こちらです)
③ A 이거 무슨 고기예요?(これ何の肉ですか)
   B 돼지고기예요.(豚肉です)
④ A 이거 맵지 않아요?(これ辛くありませんか)
   B 조금 매워요.(少し辛いです)
⑤ A 뭐가 빨리 돼요?(何が早くできますか)
   B 곰탕하고 불고기가 빨리 됩니다.
   (コムタンと焼き肉が早くできます)
⑥ A 불고기 2인분하고 곰탕 하나 주세요.
   (焼き肉2人前とコムタン1つください)
   B 네, 알겠습니다.(はい、かしこまりました)
⑦ A 먼저 소주 한 잔 하죠.
   (先に焼酎を1杯飲みましょう)
   B 전 맥주가 좋아요.(私はビールがいいです)
⑧ 계산해 주세요.(お勘定してください)

⑨ 잘 먹었습니다. 여기 모두 얼마예요?
  _{チャル モゴッスムニダ ヨギ モドゥ オールマエヨ}
  (ごちそうさまでした。ここ全部でいくらですか)
⑩ 따로따로 냅니다.(別々に払います)
  _{ッタロッタロ ネームニダ}
⑪ 전 매운 걸 좋아해요.(私は辛いものが好きです)
  _{チョン メウン ゴル チョーアヘヨ}
⑫ 전 매운 걸 못 먹어요.
  _{チョン メウン ゴル モン モゴヨ}
  (私は辛いものが食べられません)

⑮ 金額を言う

数える

数詞には漢数詞と固有数詞とがありますが、金額や年月日には漢数詞を使います。

漢数詞は、「零」から「一、十、百、千、万、億……」と続きます。数え方は日本語とほとんど同じです。

まず基数になる「零」と1から10までの発音をしっかり覚えましょう。

なお、数詞はアラビア数字、漢数字のほかに、ハングルで表記することもあります。

数	0	1	2	3	4	5	6	7	8	9	10
	ヨン 영	イル 일	イー 이	サム 삼	サー 사	オー 오	ユク 육	チル 칠	パル 팔	ク 구	シプ 십

韓国の貨幣単位は「원ウォン」です。数詞の後につけて言いますが、前のパッチムによって「ルォン」「ムォン」「ブォン」「グォン」「ヌォン」と聞こえるので、パッチムをきちんと覚えることが大切です。

십シプ〔十〕 백ベク〔百〕 천チョン〔千〕 만マーン〔万〕 억オク〔億〕

1ウォン 「일원イルォン」
3ウォン 「삼원サムォン」
10ウォン 「십원シブォン」
100ウォン 「백원ベグォン」
1000ウォン 「천원チョヌォン」

〈用例〉
A 이 모자 얼마입니까?イ モジャ オールマイムニッカ(この帽子いくらですか)
B 만 팔천 원입니다.マーン パルチョヌォニムニダ(1万8000ウォンです)

⑯ 日にちを言う

「○月○日です」
年月日は、日本語と同じ順で言います。

일 (日)

1일 (1日) イル / 리ル
2일 (2日) イーイル
3일 (3日) サミル
4일 (4日) サーイル
5일 (5日) オーイル
6일 (6日) ユギル
7일 (7日) チリル
8일 (8日) パリル
9일 (9日) クイル
10일 (10日) シビル
11일 (11日) シビリル
12일 (12日) シビーイル
13일 (13日) シプサミル
14일 (14日) シプサーイル
15일 (15日) シボーイル
16일 (16日) シムニュギル
17일 (17日) シプチリル
18일 (18日) シプパリル
19일 (19日) シプクイル
20일 (20日) イーシビル
21일 (21日) イーシビリル
22일 (22日) イシビーイル
23일 (23日) イーシプサミル
24일 (24日) イーシプサーイル
25일 (25日) イーシボーイル
26일 (26日) イーシムニュギル
27일 (27日) イーシプチリル
28일 (28日) イーシプパリル
29일 (29日) イーシプクイル
30일 (30日) サムシビル
31일 (31日) サムシビリル

월 (月)

1월 (1月) イルォル
2월 (2月) イーウォル
3월 (3月) サムォル
4월 (4月) サーウォル
5월 (5月) オーウォル
6월 (6月) ユウォル
7월 (7月) チルォル
8월 (8月) パルォル
9월 (9月) クウォル
10월 (10月) シウォル
11월 (11月) シビルォル
12월 (12月) シビーウォル

※6月は「육월」でなく「유월」、10月は「십월」でなく「시월」です。

년 (年)

1년 (1年) イルリョン
11년 (11年) シビルリョン
22년 (22年) イーシビーニョン
33년 (33年) サムシプサムニョン
45년 (45年) サーシボーニョン
50년 (50年) オーシムニョン
99년 (99年) クシプクニョン
100년 (100年) ペンニョン
2002년 (2002年) イーチョニーニョン
2003년 (2003年) イーチョンサムニョン

〈用例〉
① A 생일이 언제예요? (誕生日はいつですか)
　　　　　センイリ　　オーンジェエヨ

  B 1970 년 5 월 26 일이에요.
　　チョンベクチルシムニョン オーウォル イーシムニュギリエヨ

   (1970年5月26日です)

② A 일본에는 언제 오셨어요?
　　　イルボネヌン　オーンジェ　オショッソヨ

   (日本にはいついらっしゃいましたか)

  B 작년 3 월 12 일이에요.
　　チャンニョン サムォル　シビーイリエヨ

   (昨年の3月12日です)

③ A 유순이 결혼식이 언제죠?
　　　ユスニ　　キョロンシギ　オーンジェジョ

   (ユスンの結婚式はいつですか)

  B 10 월 11 일이에요. (10月11日です)
　　シウォル シビリリエヨ

　漢数詞を使う単位

분 (分)　 1 분 (1分)　 10 분 (10分)
プン　　 イルプン　　　 シップン

초 (秒)　 1 초 (1秒)　 10 초 (10秒)
チョ　　 イルチョ　　　 シプチョ

번 (番)　 5 번 (5番)　 11 번 (11番) : 順番
ポン　　 オーボン　　　 シビルボン

층 (層)　 1 층 (1階)　 2 층 (2階)　 3 층 (3階)
チュン　 イルチュン　　 イーチュン　　 サムチュン

⑰ 時間を言う

固有数詞

「○時○分」の「～時」には、固有数詞を使います。

固有数詞は、日本語の「ひとつ」「ふたつ」に当たる数え方で、1から99まであります。「〜個」「〜匹」「〜冊」などを数えるときにも使います。

하나 (1) 둘 (2) 셋 (3) 넷 (4) 다섯 (5)
여섯 (6) 일곱 (7) 여덟 (8) 아홉 (9) 열 (10)
열하나 (11) 열둘 (12) 열셋 (13) 열넷 (14)
열다섯 (15) 열여섯 (16) 열일곱 (17) 열여덟 (18)
열아홉 (19) 스물 (20)
서른 (30) 마흔 (40) 쉰 (50) 예순 (60) 일흔 (70)
여든 (80) 아흔 (90) 아흔아홉 (99)

固有数詞の一部は、単位名称がつくと次のように変わります。

①하나 (1) →한
　한 시 (1時) 열한 시 (11時)
②둘 (2) →두
　두 시 (2時) 열두 시 (12時)
③셋 (3) →세　세 시 (3時)
④넷 (4) →네　네 시 (4時)
⑤스물 (20) →스무　스무 시 (20時)

한 시 (1時) 두 시 (2時) 세 시 (3時)
네 시 (4時) 다섯 시 (5時) 여섯 시 (6時)
일곱 시 (7時) 여덟 시 (8時) 아홉 시 (9時)
열 시 (10時) 열한 시 (11時) 열두 시 (12時)

〈用例〉
① A 지금 몇 시예요?(いま何時ですか)
　　B 세 시 15 분이에요.(3時15分です)
② A 몇 시 차예요?(何時の列車ですか)
　　B 열두 시 10 분 발이에요.(12時10分発です)
③ A 몇 시에 시작해요?(何時に始まりますか)
　　B 오후 여섯 시 반부터예요.

　　　(午後6時半からです)

固有数詞を使う単位

개 (個)　한 개 (1個) 두 개 (2個) 세 개 (3個)
병 (瓶)　한 병 (1本) 두 병 (2本) 세 병 (3本)
번 (番)　한 번 (1回) 두 번 (2回) 세 번 (3回)

　　:回数

마리 (匹、頭、羽)　한 마리 (1匹) 두 마리 (2匹) 세 마리 (3匹)

사람 (人)　한 사람 (1人) 두 사람 (2人) 세 사람 (3人)

살 (歲)　한 살 (1歲) 두 살 (2歲) 세 살 (3歲)

⑱曜日を言う

「~曜日です」

曜日は日本語と同様、「日・月・火・水・木・金・土」に「曜日」をつけて言います。

요일 (曜日)
ヨイル

일요일 (日曜日)　　월요일 (月曜日)
イリョイル　　　　　ウォリョイル

화요일 (火曜日)　　수요일 (水曜日)
ファーヨイル　　　　スヨイル

목요일 (木曜日)　　금요일 (金曜日)
モギョイル　　　　　クミョイル

토요일 (土曜日)
トヨイル

〈用例〉
　A 무슨 요일이에요? (何曜日ですか)
　　　ムスン　ニョイリエヨ
　B 토요일이에요. (土曜日です)
　　　トヨイリエヨ

⑲ 接続詞

接続詞の中で、よく使われるものを覚えておきましょう。

「そして」
〈用例〉
영남이하고 열 시에 만나요. 그리고 축구 구경 가요.
ヨンナミハゴ　ヨール ッシエ　マンナヨ　　クリゴ　チュッククーギョン カヨ
(ヨンナムと10時に会います。そしてサッカーを見に行きます)

「それで」
〈用例〉
어머니는 한국말을 모르세요. 그래서 제가 같이 왔어요.
オモニヌン　ハーングンマールル　モルセヨ　　クレソ　チェガ　カチ　ワッソヨ
(母は韓国語がわかりません。それで私が一緒に来ました)

「しかし」
〈用例〉
내일 한국에 가요. 그러나 서울에는 못 가요.
ネイル　ハーングゲ　カヨ　　クロナ　ソウレヌン　モーッ カヨ
(明日韓国へ行きます。しかしソウルには行けません)

「ところで」
〈用例〉

그런데 왜 이렇게 일찍 오셨어요?
(ところでどうしてこんなに早く来られたのですか)

「だから」
〈用例〉
태풍이 온대요. 그러니까 여행을 연기하세요.
(台風が来るそうです。だから旅行は延ばしてください)

「けれども」
〈用例〉
우리 집은 역에서 멀어요. 그렇지만 조용해요.
(うちは駅から遠いです。けれども静かです)
하지만 절대로 안된다는 걸 어떡합니까?
(だけど、絶対にだめだというのに、どうしようというのですか)

「それでも」
〈用例〉
그래도 저는 여기가 좋아요.
(それでも私はここがいいです)

「それでは、それなら」
〈用例〉
그러면 여러분 안녕히 계십시오.
(それでは皆さん、さようなら)

写真提供　読売ニュース写真センター
　　　　　PANA通信社